祖父江善光寺蔵

「善光寺如来御絵伝」ご絵解き

林雅彦 Masahiko Hayashi 監修
林麻子 Asako Hayashi 著

方丈堂出版
Octave

祖父江善光寺蔵「善光寺如来御絵伝」の〝ご絵解き〟

林 雅彦（明治大学名誉教授）

尾張地方の霊場として知られる善光寺東海別院（通称「祖父江《そぶえ》善光寺」。以下同じ）の境内地は、かつて蓮田であったという。その蓮田に奇瑞が起こった。すなわち、明治四十二・四十三（一九〇九・一〇）年の両年にわたって、一本の蓮の茎より二つの花が咲くという瑞祥があった。そこで、開基の林旭住上人（明治三〈一八七〇〉年〜昭和十九〈一九四四〉年）は、翌四十四（一九一一）年この蓮田を埋め立てて仮りの堂宇を建立（現本堂は昭和二〈一九二七〉年上棟）、信州善光寺大勧進より善光寺如来の分身を本尊として勧請することとなった。またこの草創縁起に基づいて、山号を双蓮山と称するようになり、件の双蓮の花が寺宝として今日伝わっている。

旭住上人は、祖父江善光寺建立のため、熱心な信者の協力を得るとともに、勧進活動の一環として「善光寺如来絵伝」の〝ご絵解き〟を行った。その後も愛知・岐阜・三重・滋賀各県を中心に、二幅あるいは四幅の絵伝を六席に分け、各席二十分程度の〝ご絵解き〟をして廻ったと伝えられている。口調は節談説教《ふしだんせっきょう》の語り口だったという。

開基旭住上人の〝ご絵解き〟は、子息である二世旭山師（明治三十九〈一九〇六〉年〜平成四〈一九九二〉年）に継承された。旭山師が遷化されてからは〝ご絵解き〟が途絶えていたが、幸いなことに旭山師がノートに書き留めておかれた台本『善光寺如来絵詞伝』（昭和十〈一九三五〉年五月筆記、未完）一冊と、昭和三十二（一九五七）年に旭山師自身が吹き込んだ第三席までの録音テープが現存しており、「祖父江善光寺の絵解き史」の一端を垣間見ることが出来るのである。

さて、平成十五（二〇〇三）年四月六日から五月三十一日にかけて、はじめての四善光寺（信州善光寺・甲斐善光寺・飯田元善光寺・祖父江善光寺）同時御開帳がなされるにあたり、これに合わせて祖父江善光寺では〝ご絵解き〟の復活が計画された。旭山師が残した資料を参考に、前年秋より、林和伸副住職・麻子夫妻（当時）の手で新たな絵解き台本づくりが始まった（その間、微力ながら私もお手伝いすることとなった）。新しい台本にそった麻子夫人の絵解きを初めて視聴したのは、慌ただしい御開帳前日の本堂外陣の一角でだった。

平成十六（二〇〇四）年十一月には、寺外での〝ご絵解き〟も考慮して、絵解き台本と対応する二幅（共に縦一五六二ミリメートル×横九一八ミリメートル）の新たな「善光寺如来絵伝」が、群馬県甘楽《かんら》郡《ぐん》下仁田《しもにた》町《まち》・安養院（天台宗）住職市川祐廣師の筆によって日の目を見ることとなったのは、まことに喜ばしいことである。

令和四（二〇二二）年の六善光寺（信州善光寺・甲斐善光寺・飯田元善光寺・祖父江善光寺・関善光寺・岐阜善光寺）同時御開帳を記念して、住職夫人の林麻子さんが『祖父江善光寺蔵「善光寺如来御絵伝」のご絵解き』の一冊をここに刊行されることとなった。

かつて新しい絵解き台本の作成に多少なりとも関わったご縁で、この度の出版に際して、林麻子さんのますますの御活躍を祈念し、いささかのお祝いの言葉をお送りいたします。

令和五年五月吉日記

SOBUE ZENKOJI
ZENKOJI-NYORAI
Contents

祖父江善光寺蔵
「善光寺如来御絵伝」ご絵解き

目次

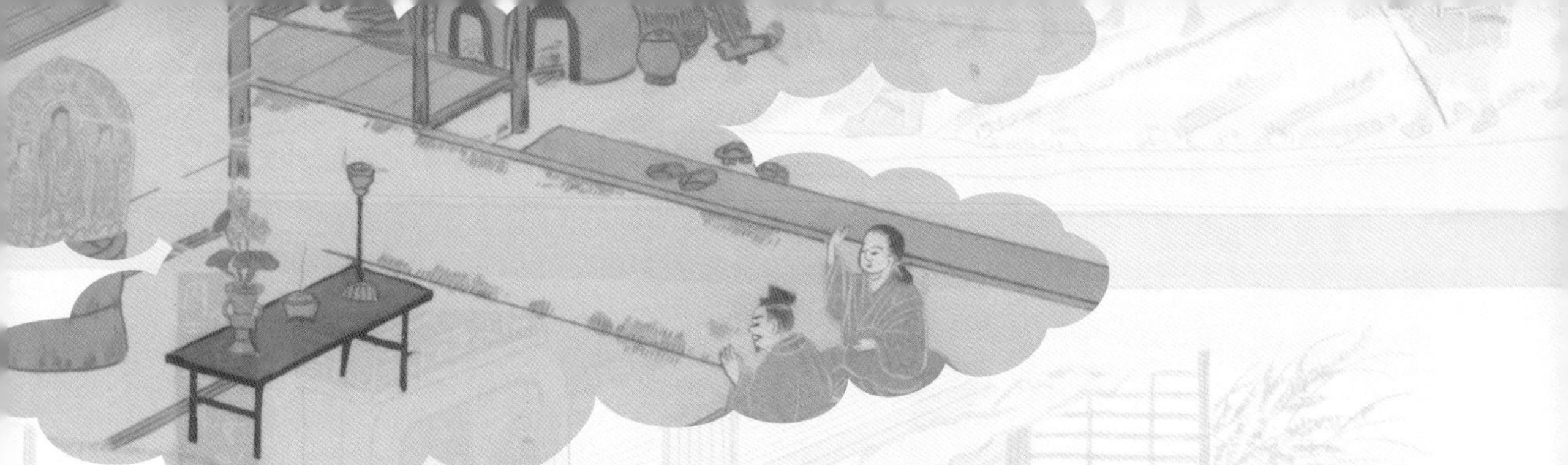

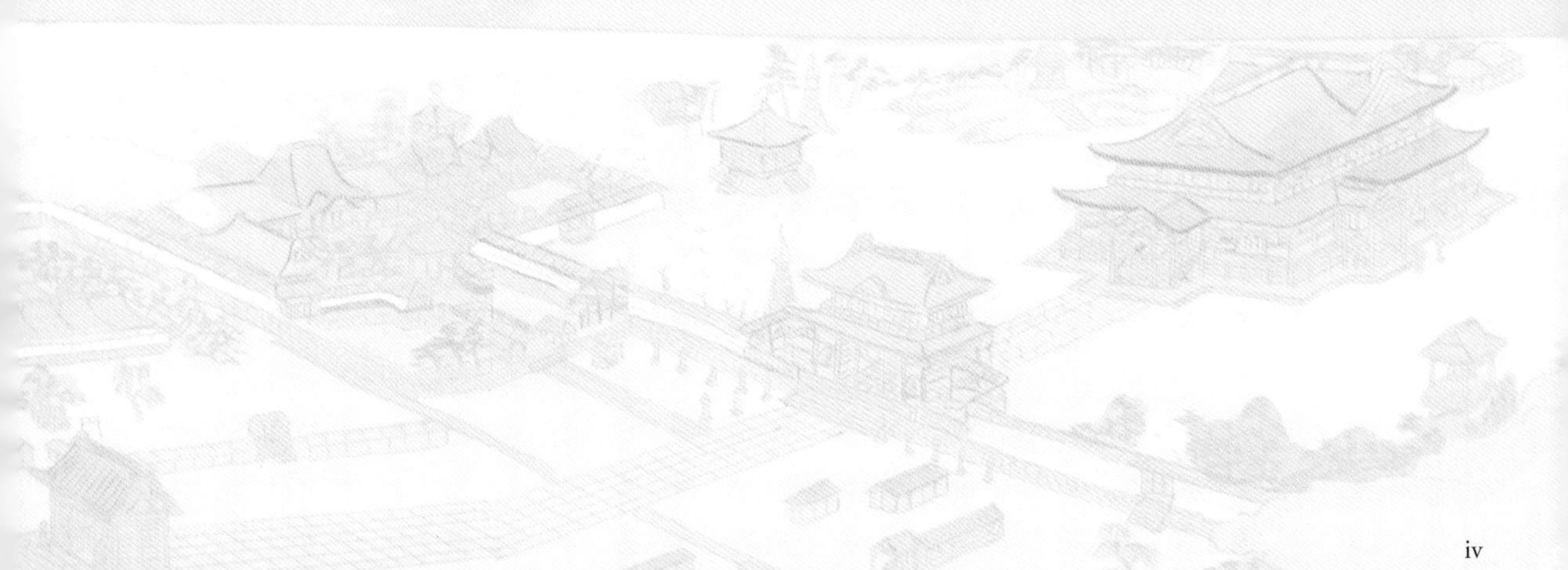

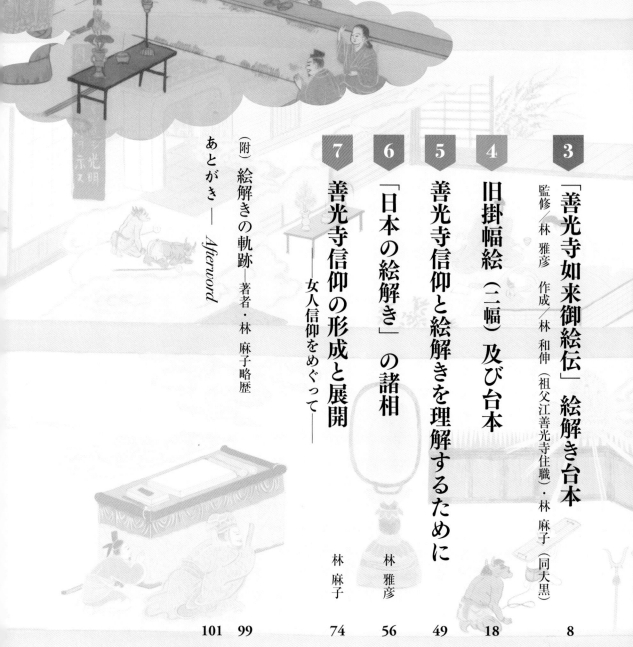

祖父江善光寺蔵

「善光寺如来御絵伝」ご絵解き

1

祖父江善光寺〝ご絵解き〟

尾張の霊場、祖父江善光寺（善光寺東海別院）の由来と建立

尾張の霊場、祖父江善光寺（善光寺東海別院）は信州善光寺の別院として建立され、各地より信仰の道場として参詣者を集めております。

その由来は、祖父江善光寺の境内地は以前は蓮田でありました。その蓮田に明治四十二（一九〇九）年、四十三（一九一〇）年と二年続いて蓮が一本の茎より二つの花が咲くという奇縁により、明治四十四（一九一一）年、開基上人林旭住が信州善光寺より善光寺如来様のご分身をお迎えすることとなりました。

開基上人林旭住と〝ご絵解き〟——祖父江善光寺の布教活動——

祖父江善光寺（善光寺東海別院）の建立にあたり、林旭住はその浄財の勧進と信者の協力の獲得、また布教活動の一貫として、積極的に善光寺の〝ご絵解き〟を行いました。

〝ご絵解き〟は二幅または四幅の絵軸を用い、善光寺如来の縁起譚を場面ごとの絵柄を指し棒で

示しながら、独特の節をつけた語り口調で語られる節談説教《ふしだんせっきょう》風のものでありました。

林旭住は、愛知・岐阜・三重・滋賀の近隣各県を中心に〝ご絵解き〟を行って歩かれました。これらの出先で行われた〝ご絵解き〟は、民家を借りて行われ、六席に分けて語られ、一席約二十分程で語られたといいます。しかし、実際は、その都度臨機応変に時事問題や種々のたとえ話などを取り入れて語ったようで、かなり長時間に及んだ模様です。

〝ご絵解き〟の復活 ― 林旭山と林和伸夫婦の取り組み ―

林旭住は昭和十九（一九四四）年、七十五歳で遷化致しましたが、その〝ご絵解き〟の伝承は、二世林旭山によって大学ノートに手書きの台本とカセットテープという形で残され、今日に至っております。その後、平成十四（二〇〇二）年に当時副住職だった林和伸・麻子夫婦の手でこれらを基に現在の要望に叶うような絵解き台本の完成を見るに至り、祖父江善光寺（善光寺東海別院）の〝ご絵解き〟を復活させることができました。

末尾になりましたが、祖父江善光寺（善光寺東海別院）の〝ご絵解き〟の復活に病いを押してご指導いただきました、当時明治大学法学部教授・絵解き研究会代表の林雅彦先生に心より感謝申し上げます。

◆善光寺東海別院

2

日鑑（記録日誌）に見る祖父江善光寺の「ご絵解の歴史」

抑も当山の由来は、明治四十一（一九〇八）年以前は一帯の蓮田なりしか、不思議にも明治四十二（一九〇九）年同四十三（一九一〇）年と二ヶ年続いて、前記蓮田に一茎双蓮の花咲きたるに依り、茲に善光寺如来の御分身を安置することに決定し、翌年即ち明治四十四（一九一一）年旧正月八日当町渡辺邦光所有の蓮田を借受け埋立す。

住職　林　旭住

執事　山田安右エ門

一、明治四十四（一九一一）年五月八日より六日間　当町石原情三郎方に於いて林旭住師善光寺如来御絵解並びに説教を営む。

一、同年七月二十一日より、仮堂宇の仏具寄付勧進のため林旭住師当町を回る。

一、同年十一月五日、信州善光寺御分身如来奉迎、団参引率者林旭住師団員八百十五人。

一、同年十一月八日、御分身如来奉迎団参員帰山、同時に仮入仏執行。

一、同年十一月十日附願、中島郡祖父江町大字祖父江字高熊十一番地に善光寺別当大勧進出張所許可願、提出。

同年十一月二十一日附を以て許可。

一、大正元（一九一二）年十月十九日より三日間、御分身如来開扉。

一、大正二（一九一三）年十月十八日より三日間、御分身如来開扉。

一、大正七（一九一八）年十月七日より十七日まで、御本尊開帳、名超僧正御親修。

一、大正十一（一九二二）年七月十一日、根福寺許可京都府乙訓郡大原野村大字坂本より移転す。

一、昭和二（一九二七）年十月八日より、向こう三週間本堂上棟式並びに本尊開扉執行。水尾寂暁僧正御親修（前三日、後三日）執事松本久雄、事務員□（徳カ）間茂二郎、御絵解師芝慧照、従者二名。

一、昭和六（一九三一）年三月二十日より四月十八日まで、三十日間入仏式兼御本尊開扉執行、水尾寂暁僧正御親修（前三日、後三日）前後三日間以外は大勧進副住職代理す、執事松本久雄、事務員□（徳カ）間茂二郎、御絵解師芝慧照、従者二名。

一、昭和七（一九三二）年四月三日、滋賀県東浅井郡虎姫村大井妙蓮寺より親鸞上人御遷仏のため当山より林旭住出張、四月十七日より十九日まで遷座式を当山にて執行。
参勤者、林旭住、林旭山、豊原法住、花岡俊鶴、三浦了温、富永鑑照、三浦芳樹、菱田明了、藤森晃舁。

一、同年七月二十二日、信州善光寺別当大勧進祖父江出張所設立者を林旭住と定め、本県社寺課へ届け出することを協議せり。（「協議録」あり）

立松一、山田勝十郎、木全光太郎、丹羽倉吉。

一、昭和九（一九三四）年十月八日より二十二日まで、十五日間戒壇開き並に本尊開扉執行。

十月八日より十一日まで天台宗、導師水尾寂暁の代理、

十月十二日より二十二日まで浄土宗、導師林旭住。

一、昭和三十一（一九五六）年四月八日より二十二日迄（十五日間）、ご開帳並に梵鐘供養を執行す。

導師　名超源照師、副　林旭山、侍者　林敬順、侍者　名越洽照、絵師　天野師。

行催事及び其他準備要綱は別紙にあり、初日は雨天のため九日に鐘供養せり、直当日長野埡志氏に感謝状を出す。

一、平成十五（二〇〇三）年四月、半世紀ぶりのご本尊御開帳を営む。

信州善光寺、元善光寺、甲斐善光寺と四善光寺同時御開帳。

参拝者二十一万人、盛大に厳修。

御開帳に合わせ善光寺如来絵解きを復興。

（備考）

・原文に使用されている文字については、翻刻に際して基本的には現在通行の字体に改め、また文章には適宜句読点を付した。なお判読不能な文字は□をもって示した。

・和年号には丸括弧（　）を付けて西暦を記した。

祖父江善光寺の本堂

3

「善光寺如来御絵伝」絵解き台本

監修　林　雅彦
作成　林　和伸
林　麻子

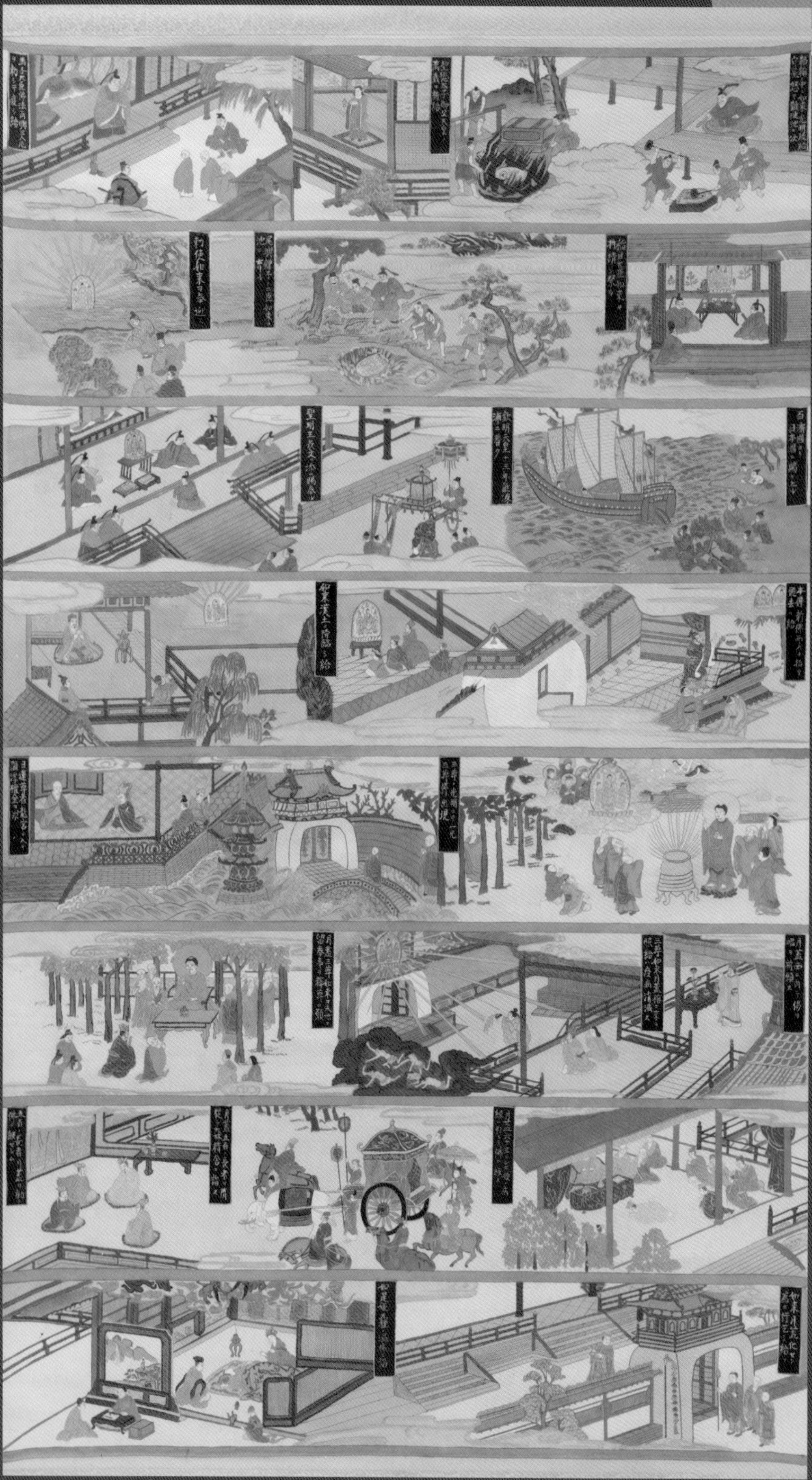

【 善光寺如来御絵伝 】
第一幅
（縦156cm×横92cm）

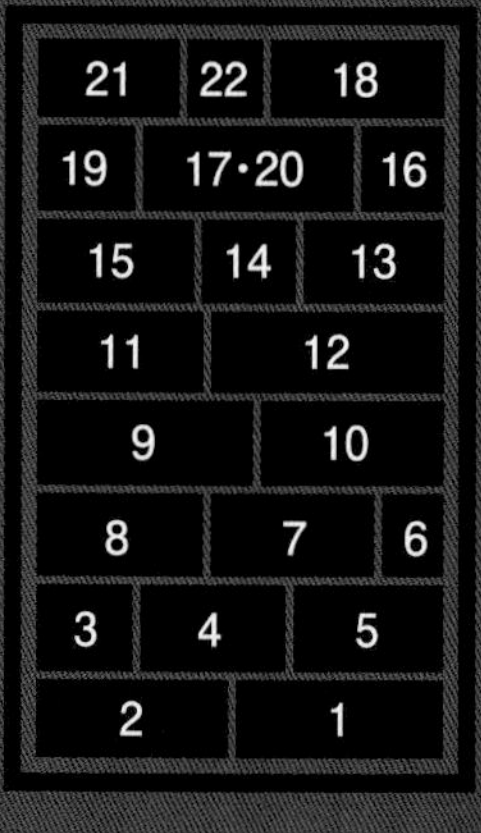

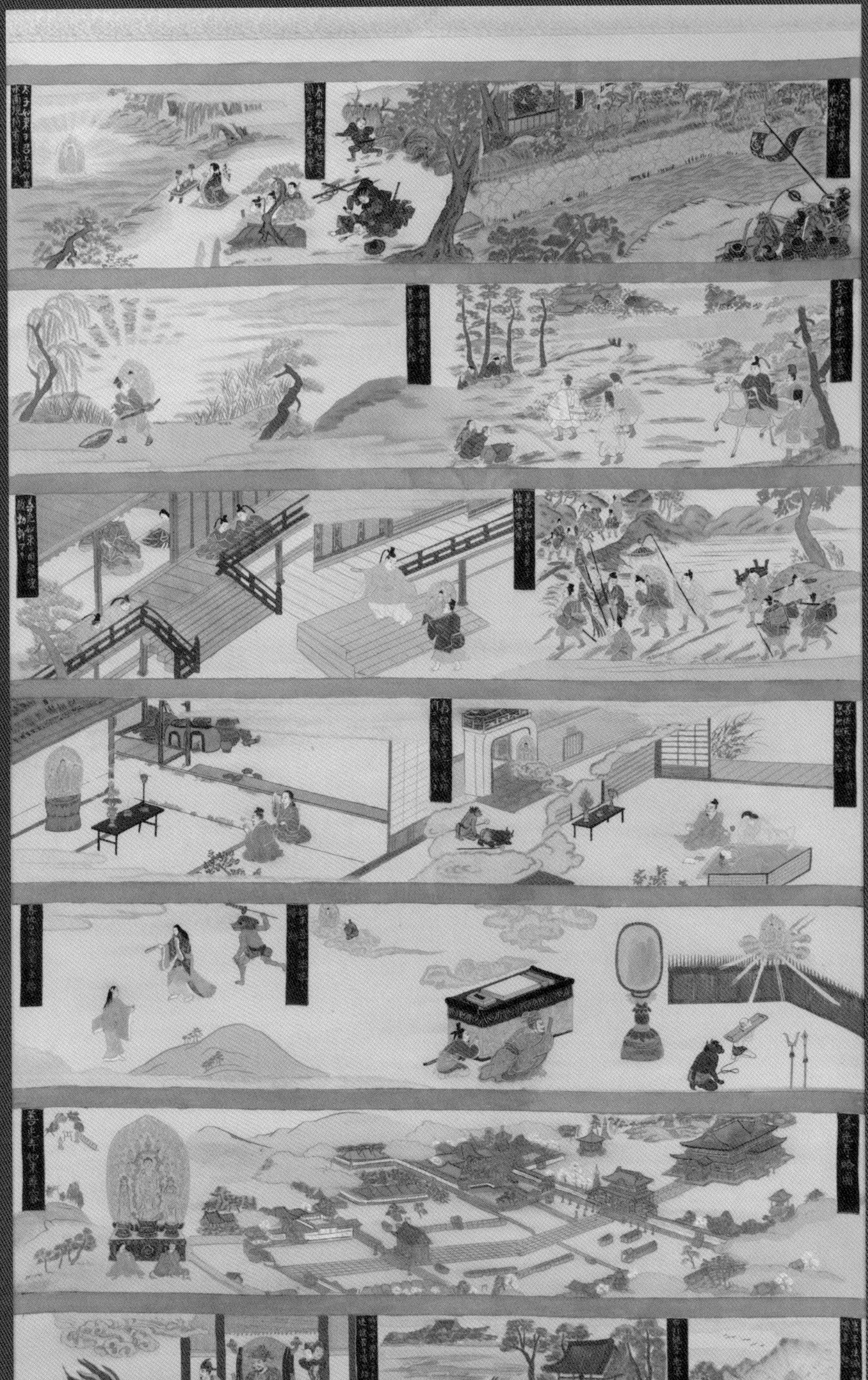

【 善光寺如来御絵伝 】

第二幅

（縦156cm × 横92cm）

②　①

ただいまより三国伝来善光寺如来様のご絵解きを申し上げます。

（讃題）そもそも信濃の国は善光寺のご本尊、一光三尊の阿弥陀如来様ご出現の始まりを伺い奉る。事の起こりは、かたじけなくも大聖釈迦牟尼如来様、これを経中に説き給えり。その経を『請観《しょうかん》世《ぜ》音《おん》菩薩《ぼさつ》消伏《しょうぶく》毒害《どくがい》陀羅尼《だらに》呪《じゅ》経《きょう》』と申し奉るなり。

（詞）ただいま申し上げましたこの『請観世音菩薩消伏毒害陀羅尼呪経』というお経は、お釈迦様が存命中に善光寺如来様のことについてくわしく書かれたお経であります。善光寺如来様がこの世にご出現になった始まりから、天竺《てんじく》（インド）、百済《くだら》（朝鮮）、そして、わが国にお渡りになりましたまでのその肝心なところを抜きいだいて絵に致しましたものが、ここに掲げてありますところのおかけじ（掛け軸）でございます。この二幅のおかけじについてお取次ぎ申し上げます。

（節）絵①その昔、お釈迦様におかれましては、天竺は毘舎利国《びしゃり》、大林精舎にましまして千二百五十人の大阿羅漢らにご説法まします折から、同じ国には月蓋《がっかい》大長者有り。月蓋長者が天子様の代りをなし、他の五百人の長者と心をあわせて国のまつりごとをつかさどるゆえ、月蓋長者の富貴自在なることは、他の長者の及ばざる程なり。その月蓋に、年五十一歳にして設けし如是姫《にょぜひめ》という娘あり。この如是姫の姿形の麗しいことは、春の花に露を含み、青柳の風になびく如き、もれ出づる月の面影の如く、言葉では言うに言われぬ美人ゆえ、月蓋長者の寵愛は限りなきこと、ただ手の中の玉の如し。その娘が言うことなれば、千金を費やすとも、人のためにということなれば、口より舌を出すもいや、袖より手を出すもいや、という如き慳貪邪険《けんどんじゃけん》な者なれば、お釈迦様が大林精舎においてご説法ましますといえども、お参りするが如き事は、暁の夢にも知らぬという者なり。

（節）絵②かくて、毘舎利国中の人々は、月

③ ④ ⑤

蓋長者に見習いてますます心慳貪邪険となり、それがため、邪気満ち満ちて、ついには悪鬼邪神が国中に五種の温病《うんびょう》という悪疫をもたらし、国中の人々はおろか、無知なる牛馬に至るまで、この病いに罹《かか》り苦しむ姿は哀れなり。如是姫が十三歳の秋のころ、この病にかかり、日ごと夜ごと苦しむ姿は哀れというもまた愚かなり。月蓋長者は、薬や療治や祈《き》念祈祷《ねんきとう》を致されても、さらにその効能もなく、**絵②**最後に名医耆婆《ぎば》がさじを投げて申すようには、「この病気は体から出でたるところの病気ではございません。心が慳貪邪険ゆえ出でたるところの病いゆえ私では治すことはできません。」と申される。**絵②**如是姫は朝より夕と弱りいき、命はさながら風前の灯というありさまに、**絵③**他の長者たちが声を揃えて申すようには、「この病、医薬や神力の及ぶところにあらず。この上は手をこまねいて終わりを見んよりは、大林精舎にましますところのお釈迦様のもとへ赴き、如是姫のご救済をお願い致されよ。」と申さるる。

（節）**絵④**月蓋長者は、ようようのことで年は六十三歳にして初めて大林精舎のお釈迦様ご説法の道場へご参拝あそばさるる。**絵⑤**お釈迦様の御前に詣で合掌礼拝して申しけるさまには、「この頃我が毘舎利国に、大悪病にて死する者数知らず。**絵②**天下の名医耆婆といえども、手を尽くすことあたわず。その中に我が娘この悪病に苦しみ、その命は草の上の朝の露よりも危うく、乞い願わくば、如来様平等のお慈悲をもって、わが国の五種温病を救わせたまえ。」とお願い申し上げぐれば、お釈迦様が月蓋長者に告げたまわく、「汝これより館に立ち帰り、香華灯明供養して手を洗い口を注《そそ》ぎ、西に向かって南無阿弥陀仏と一心専念して唱えたならば、病人は、たちどころに全快いたすぞよ。」と。

⑧ ⑦ ⑥

(詞)絵⑥館に立ち帰りました月蓋は、お釈迦様のお教えのとおり、花を供え灯明をともし手を洗って口を注ぎ、西に向かって「南無阿弥陀仏」と一心に唱えたのであります。そう致しますと、月蓋長者の頭上に阿弥陀如来様がお立ちあそばされました。真ん中に、ひときわ高く阿弥陀如来様、向かって右側に観音菩薩様、向かって左に勢至菩薩様、絵⑦いわゆる一光三尊阿弥陀如来様のお姿となって現れあそばされたのでございます。

(節)さて、この一光三尊阿弥陀如来様は、大光明を放ちて毘舎利国中を照らし給えば、山川草木に至るまでことごとく金色となり照り輝きければ、国中に充満せる悪鬼邪神も、大光明に照らされて力を失い、ちりぢりに逃げ去りければ、万死一生の如是姫をはじめ、毘舎利国中の病める人々、たちどころに全快いたすなり。

(詞)絵⑧月蓋長者はたいそう喜び、これ程に尊い御仏《み》をこの地にお留めしたいと、再びお釈迦様の元へお願いすべくご参拝あそばされる。

(節)これを聞かれたお釈迦様は、「それでは、

⑩ ⑨

竜宮城にある閻浮檀金《えんぶだごん》という黄金で鋳《い》うつすがよかろうぞよ。」と仰せあそばされた。「我が弟子の神通力第一の目連尊者を竜宮城へ遣わして、閻浮檀金を取り寄せてやる程に、心配致するなよ。」とのご勅命。早、絵⑨目連尊者はお釈迦様の勅命をこうむって、目の当たり竜宮城へお越しあそばれ、そこで娑伽羅龍王にご面会なされ、ご勅命の次第を申し上ぐれば、竜王快く閻浮檀金をお渡し下さるる。

(詞)目連尊者は閻浮檀金をお釈迦様の元へお持ち帰りになり、月蓋長者にお授けになりました。

(節)絵⑩月蓋長者は、閻浮檀金を我が館へ持ち帰り、お釈迦様をご招待申し上げ奉り、お釈迦様は極楽世界の阿弥陀如来様をご招待申し上げる。かくて、お釈迦様は、暫《しばら》く大地を離れて空にお上がりましまさば、尊くも阿弥陀如来様とお釈迦様と並んでお立ちになり、お二人の眉間《みけん》の百毫《びゃくごう》より光明赫灼《こうみょうかくやく》と閻浮檀金をお照らしあそばされたなら、不思議なるかなや、閻浮檀金はおのずと溶けて、一光三尊の阿弥陀様のお姿になりあそばさる。

⑫ ⑪

（詞）とりもなおさず、信州は信濃国善光寺のご本尊、一光三尊の阿弥陀如来様ご出現の次第でございます。後に信州の善光寺のご本堂にご安置申し奉るところの一光三尊阿弥陀如来様は、その昔インドにおいて、お釈迦様と極楽世界の教主阿弥陀様とのご光明のお照らしによって、閻浮檀金という黄金が自然に溶けて、湯のように吹き上がりできた仏様でありまして、その仏様はインドから朝鮮へ、朝鮮から日本へと三国に伝来してまいりました尊い仏様でございます。

（節）絵⑪ご出現ましました阿弥陀如来様を、月蓋長者は生まれ変わり死に変わりしてご給仕申し上げること、天竺においては五百有余年。その後、阿弥陀如来様は虚空《こくう》をお飛びあそばして、絵⑫朝鮮は百済《くだら》の国へとお渡りあそばされ、百済国におとどまりあそばした年数が千二百有余年。その当時のお天子様は、第二十五代聖明王《せいめいおう》と申すなり。これまさしく月蓋長者の生まれ変わりし姿なり。ひとえに阿弥陀如来様との不可思議なる仏縁ぞかし。かくて、

⑬ ⑭ ⑮

如来様の済度《さいど》し給う衆生は幾千万人と言いて、いよいよ仏法興隆なること限りなし。ある日のこと、阿弥陀如来様よりのご勅命あり。「我この土において衆生済度する因縁が尽きた程に、我を守りて東の国であるところの日本の国へ送り届けてくれよかし。」

（詞）絵⑬聖明王をはじめ百済の民はみな、阿弥陀如来様にお留まり願いたかったのですが、如来様のお言葉であります。やむをえず、如来様を船にお移し申して、日本にお送りすることになりました。如来様のお乗りになった船は、つつがなく日本国は摂州難波《せっしゅうなにわ》の浦にお着きあそばされました。絵⑭時は人皇三十代欽明天皇《きんめいてんのう》の十三年（西暦五百五十二年）壬《みずのえ》申《さる》十月十三日のこと、これが日本の仏教伝来の日でございます。

絵⑮その時欽明天皇、諸臣を召されて、「百済国より渡さるるところの仏像、経典をば受納すべしや、いなや。」とご相談ましますと、物部大臣尾輿《もののべおとどおこし》をはじめ諸臣一同は、「異国より渡るところの仏像、あえて拝し給う必要なし。日本は神の国なり。」と申されました。すると、蘇我大臣稲目《そがのおとどいなめ》はこれをさえぎり、「仏

⑲ ⑰・⑳ ⑯

と神とは水と波の如き間柄にして、はるばる百済国の聖明王より献上されし尊い御仏《みほとけ》なるがゆえ、受納し厚く尊敬されるべし。」と申されるので、欽明天皇はこの如来様を蘇我稲目に託されました。**絵**⑯稲目は、自分の向原《むくはら》の家を清めて如来様をご安置あそばされました。『日本書紀』には、この向原寺《こうげんじ》が日本の最初のお寺だと書かれております。その後日本国中に厄病が流行し、**絵**⑰如来様のことをよろしく思っていない物部尾輿はこれを勿怪《もっけ》の幸《さいわ》いと「今の御世に厄病流行し国中の民の苦しむこと、仏法を弘《ひろ》むるゆえなり。日本の神々怒りてかかる災いをもたらし給うならん。早く寺を焼き仏像をくだきて、仏法の根をたち葉を枯らすべし。」と向原寺を焼き払い、如来様を難波の堀江に沈めてしまいました。如来様は、「ようやく日本に来たりといえども、この国の衆生いまだ済度の機縁熟せず。」と、波間に沈んでいかれました。**絵**⑱間もなく欽明天皇は崩御《ほうぎょ》され、物部尾輿も絶命して無間《むげん》地獄《じごく》へ堕《お》ちたと申します。

㉑ ㉒ ⑱

絵㉑かくて、欽明天皇崩御の後、敏達天皇《びたつてんのう》の御代《みよ》に物部尾輿の子守屋《もりや》は、これまた父と同じく仏法を嫌い、**絵**⑲難波の堀江からあらためてお迎えした如来様を、**絵**⑳再び難波の堀江に投げ入れてしまいました。その後、仏教を厚く信仰する蘇我稲目の子馬子《うまこ》及び**絵**㉒聖徳太子との戦いに敗れ、**絵**㉓㉔滅ぼされたのでございます。

㉕ ㉔ ㉓

（節）絵㉕戦い鎮まりて後、聖徳太子御自《おんみず》から難波の堀江におでましになり、香を焚き花を供えて水底《みなそこ》に沈め奉りし一光三尊の如来様を礼して、「今は仏法弘通《ぐづう》の時至れり。願わくは大悲の誓願むなしからず、はやく都に帰らせたまえ。」とご祈念すれば、如来様は、たちまち水面に浮かばせられあそばさる。如来様、太子に仰せらる。「よいか汝、衆生済度の心をもって我を迎えにきたるといえども、我はこの水底にありて待つべき者有り。」とて、再び水中に沈ませあそばさる。

（詞）聖徳太子は、如来様のお言葉に、仕方なく誦経《ずきょう》念仏してお帰りあそばされました。

さて、その後のことでございます。阿弥陀如来様は、本田善光《ほんだよしみつ》のふるさと信州の地にお移りになりました。これが、善光寺建立物語の初めであります。

（節）絵㉖ここに信濃国伊那郡《いなのこおり》麻績《おみ》の里に、本田善光という者あり。妻を弥生と言い、またその子に善佐《よしすけ》あり。家貧しき人なれども、天性

㉖・㉘ ㉗

正直にて賢人なり。絵㉗ゆえに、国司が参勤の際お供として都へ登り、その勤めつつがなく終え、帰国の折難波の堀江を通りかかれば、水中より光明赫灼《かくやく》として如来様お姿を現し、「善光、善光よ、驚くなかれ。我、汝《なんじ》に宿縁あり。この場にて待つこと久し。汝、昔天竺にありては月蓋長者と称し、我が出現にかかわりし。その後、百済にては聖明王として生まれ、今は日本国に生まれ来たりて、我と共に衆生済度の因縁あり。ゆえに、我汝に従いて信濃へ参るべし。」と申さるる。善光これを聞きて、宿善たちどころに開け、信心たちまち起こりて、歓喜の涙に咽《むせ》びけり。

（詞）絵㉘阿弥陀如来様との不思議な仏縁に目覚めました本多善光は、大変感激して、

㉚ ㉙

㉛ ㉜

㉞ ㉝

絵㉙昼は如来様を背中に背負い、夜は如来様に背負われて、絵㉚信濃の国へ着きました。絵㉛我が家へ戻った善光は、如来様を臼《うす》の上にご安置して、朝な夕なに心をこめてお参りしておりました。

（節）絵㉜その翌年のこと、善光の子善佐がさせる病いもなくしてにわかに眠るが如くに息絶え終わりける。善光夫婦歎きのあまり、如来様のおん前に出でて悲しき事訴えますれば、如来様、たちまちあの世へお下りあそばして、閻魔大王に命じて、

絵㉝「善佐の罪を許し、今ひとたび娑婆《しゃば》に戻されよ。」とのご勅命。

（詞）絵㉞かくて善佐は、この世へ帰る途中で、鬼に追い立てられあの世に下っていくひとりの女人に出会いました。この女人こそ皇《こう》極天皇《ぎょくてんのう》であられました。善佐は驚いて、自分の命と引き換えに皇極天皇を生き返

㉟ ㊱

㊴ ㊳ ㊲

らせて下さるよう、如来様にお願い致しました。如来様は、善佐をお褒《ほ》めになり、皇極天皇と善佐の二人とも生き返らせて下さいました。

この世に戻られた皇極天皇は、早速信濃国に勅使を遣わして、善光親子をお召しになりました。二人は皇極天皇に、如来様をお祀《まつ》りする立派なお堂を信濃の地に建てていただきたい、とお願い致します。やがて、皇極天皇のお力によって、**絵**㉟信濃の国に一光三尊の阿弥陀如来様をお祀りする**絵**㊱立派なお寺が建てられ、本多善光の名前から「善光」の二文字をとって〝よしみつでら〟、即ち、善光寺《ぜんこうじ》と名付けられたのでした。これが信州善光寺のはじまりでございます。

絵㊳善業を施すならば阿弥陀様に導かれ**絵**㊲極楽浄土へ参る事ができ、**絵**㊴悪業の限りを尽くせば閻魔大王のおわします地獄へ落ちて参ります。

これにて三国伝来の善光寺如来様のお絵解き、終わらせていただきます。

南無阿弥陀仏……（お十念）

4

旧掛幅絵（二幅）及び台本

【 善光寺如来御絵伝 旧掛幅絵 】
第一幅
（縦128cm×横58cm）

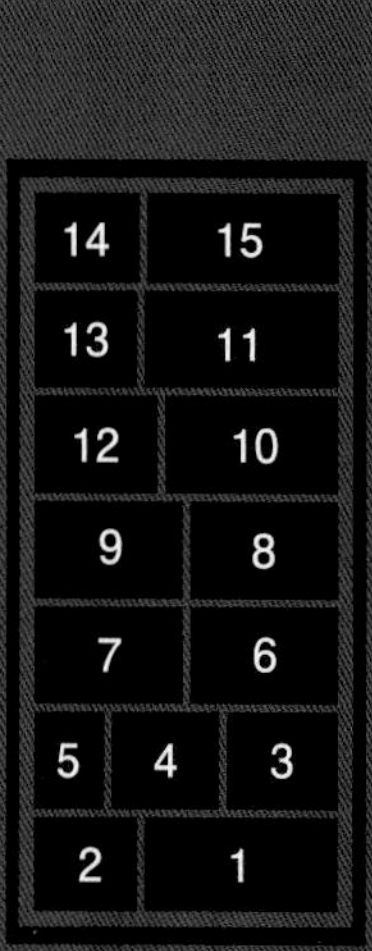

【 善光寺如来御絵伝 旧掛幅絵 】
第二幅
（縦128cm × 横58cm）

『善光寺如来絵詞伝』解題

この光空旭山師作成の台本『善光寺如来絵詞伝』は、初代旭住上人が行っていた絵解きを、旭山師自ら自筆の「台本」、さらにはそれを元にカセットテープに吹き込み、これらは現在、祖父江善光寺にて保存されている。

自筆の台本は大学ノートに四席まで記されているが、未完である。同じくカセットテープに吹き込まれた絵解きも三席までで未完である。

なお、台本の基になった掛幅絵は二種類あり、四幅と二幅のものが現存する。ことに二幅の掛幅絵は、寺外で行われた絵解きの際に用いられたものと考えられ、その二幅とセットにして保管されていた掛幅絵『善導大師御絵伝』も、初代旭住上人が西山浄土宗に所属していた頃に、同じように絵解きに用いられていたものと思われる。

「台本」を開くと、

昭和拾年五月筆記
皇朝仏教の初と云へる
善光寺如来三国伝来の縁起を
父より、述意せられたのを今此処に記す者《（ママ）》なり
光空旭山

K, Hayashi
Zenkoji
Sowuecho
Nakashimagun
Aichiken

と記されている。

一ページ目には、「善光寺如来絵詞伝　第一席　讃題『一つには決定して深く信ず　自身は現に是れ罪悪生死の凡夫…』で始まり、文の最初には、それぞれ「讃題」「詞」「節」と記され、

その文をどのように読むのか明白にされている。また、上部欄外には「讃題は声をひく、」や、ある節のところには「声を少し大きく」と言ったト書きが、さらには「一搩手半」「龍宮世界」「閻浮檀金」の意味が記してある。

寺外での絵解きには、予め行われる場所へポスターを送付していた。ポスターには、絵解きの日時・場所が書き込めるようになっており、期間中、多くの方々に足を運んでもらえるよう配慮したと思われる。お世話方の民家といった場所において、一日六席程度語り、滞在も何日かに及んでいたとのことである。

「善光寺如来絵伝」の絵解き（双蓮山善光寺　林旭山師）

いずれにしろ、この台本の内容は、不特定多数の人々を対象とした絵解きの台本であり、実際の絵解きの場では時事問題や種々のたとえを付け加えて語られた。全ては、善光寺如来の御加護をより多くの信徒に絵解きで伝え、ご浄財を募り、善光寺本堂建立の資金としたのである。

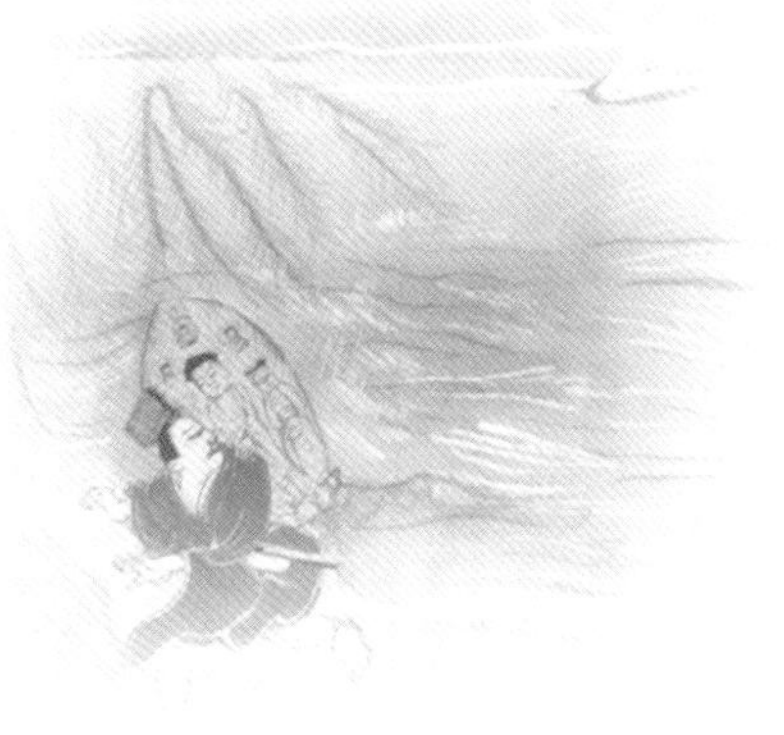

『善光寺如来絵詞伝』台本

◆凡　例

一、本台本は、愛知県稲沢市祖父江町祖父江、善光寺東海別院（単立）〈通称「祖父江善光寺」〉所蔵の第二世旭山自筆本を底本として翻刻した。

一、底本に使用されている文字については、翻刻に際して基本的には現在通行の字体に改め、また適宜句読点を付した。翻刻の「／」（スラッシュ）は底本の改行を示した。

一、仮名遣いは、歴史的仮名遣いのままとした。

一、振り仮名は底本のままとした。

一、誤字、脱字などは底本通りとし、（ママ）あるいは（……カ）と傍記した。また文章を考慮して、行間に（　）で適宜漢字を付した。

一、自筆本欄外頭注は＊番号を付して末尾に記した。

◆表紙　**善光寺如来絵詞伝**

◆表紙見返し

昭和十年五月筆記

皇朝仏法の初と云へる
善光寺如来三国伝来の縁起を
父より述意せられたのを今此處に記する者《（ママ）》なり
光空旭山

K.Hayashi
Zenkoji,
Souecho,
Nakashimagun,
Aichiken (1)

今回は不思議な御因縁で御当地へ参りまして、何日迄皆さんと共々に／親様の御慈悲を喜び其の教を御取次する事になりましたが、就いては／今回はこうして善光寺如来様の御絵を御共し《（ママ）》て参った事であり／ますから、善光寺如来様の御一代記を御絵の上から御取次致す事であ／りますが、御絵と申しますと道行がとやかくとありますが、其の道行に／とらわれない様、結局は阿弥陀如来様の御本願即ち御慈悲に依っ／て救はれると云ふ事がかんじん《（肝心）》かなめ《（要）》でありますから、そのおつもりで御／聞き取りが願ひ度い事であります。では、御絵の上から共々に親様の御慈／悲を戴く事に致しませう。

② 釈尊、月蓋に布施を求む　① 釈尊、説法す

⑤ 長者達、月蓋に帰依を勧む　④ 如是姫、病魔に悩む　③ 釈尊、施しを受く

〃善光寺如来絵詞伝〃

第一席

讃題※(1)『一つには決定して深く信ず。自身は現に是れ／罪悪生死の凡夫。曠劫《こうごう》より已来《このか》た常に没《もっ》し常に／流転して出離の縁有る事なし。二つには決定し／て深く信ず。彼の阿弥陀仏四十八願をもって衆生を／摂受し給ふ。疑ひ無く慮《つらおも》ひ無く彼の願力に乗／じて定んで往生を得るなーりー。』

詞「えー御一同様には御多忙の処、ようこそ御参拝下／さいました。今回は不思議な御因縁により御当／家御世話方様の家で、共々に親様の御慈悲を／喜ばさして頂く事になり、殊に善光寺如来様の御／絵伝を御供して参った事でありますので、善光寺／如来様の御絵を通じて、親様の御慈悲を喜ば／さして頂く事に致しませう。とかく御絵は道行きがとやかく／とありますが、かんじん(肝心)かなめ(要)はと申しますと阿弥陀如来様／の御本願に依って救はれる、阿弥陀如来様の御慈悲に依／って救はれる、此處がかんじん(肝心)かなめ(要)でありますから、其のおつ／もりで御聴聞し

⑦ 月蓋、西方に向かって祈願　⑥ 月蓋、大林精舎に詣ず

⑨ 目連、龍宮で閻浮檀金を求む　⑧ 如来、疫病を消滅

⑫ 本仏・新仏、西方に飛び去る　⑩ 新仏出現

て頂きたひ事と思ひます。」／

節『仰々信濃国は善光寺の御本尊、一光三尊の阿弥陀／如来、その昔天竺に出現まし〳〵し、事の起りはかたじけなく／も大聖世尊釈迦牟尼如来、これを経中に説き給へり。／其御経を請観世音菩薩消伏毒害陀羅尼呪経／と申し奉るなり。』詞「アー只今申上げましたこの請観世／音菩薩消伏毒害陀羅尼呪経と云ふ御経様は、御釈迦／様が御生存中に善光寺如来様の事に就いてくわしく御／書き遊された御経様であります。其の要素〳〵要々《かなめく》／かんじんな所をぬきいだいて御絵としたものが只今此處／にか丶げてあります所の御絵様であります。これから此／の御絵にもとづいて御取次を申し上げます。」／節『今は略して其の由来を尋ね奉るに東天竺は毘舎／利国』／詞「東天竺と申しまして、昔印度の国が五つに分／れて居ったのであります。先づ東天竺、南天竺、西天竺、北天／竺、中天竺と五つに分れ、御釈迦様が御生れ遊されたのが／中天竺と申しまして真中の天竺で、只今こうして御説法な／されて居る道場が東天竺と申して東の天竺であった。」／節『東天竺は毘舎利国、菴羅樹園の大林精舎、／重閣講堂にまし〳〵て、千二百五十人の大阿羅漢／二万の大菩薩及び四衆天龍八部、人非人等の為に／御説法まします折柄、同じ国には月蓋大長者あり。／此の国には天子様は御座いませんので、月蓋大長者／が天子様の代りをなし、他の五百人の長者と心を合して／国の政事《まつりごと》をつかさどる故、月蓋長

⑬ 新仏（以下如来）、百済より日本へ　⑪ 月蓋、如来をご給仕

⑭ 如来、難波の浦に着く　⑮ 聖明王、日本に如来を奉る

者の富貴自在／なる事は、他の長者の及ばざる所にして、先づ宮殿楼閣／の住ひには、金銀をちりばめ珠玉をかざり、七宝の瓔珞をかけ／綿繍のしとね（茵）をつらね、口には珍味を味ひ、何に一つとし／て心にかなわぬ事もなく、栄耀栄華の身なれども、月蓋／長者年は五十歳に及ぶかなれど、未だ一人の子も得ざりけ／れば、夫婦只此れを一つのなげきとして居たが、年五十一歳／にして初めて一人の子を設けられたが、此れが即ち如是姫／と云ふ一姫君でありました。／此の如是姫のすがた形のうるはしい事は、春の花に露をふくみ／青柳の風になびくが如きなり。もれいづる月の面影の如く、／云ふに云はれぬと云ふ美人なら、月蓋長者の寵愛は限り／ない事只手の中の玉の如し。深窓とて奥深き所で養育／せられ、錦帳とて玉の錦の中で育て上げ、早や年も十／三歳に重ねてから、玉もあざむくと云ふうるはしい如是／姫なら、月蓋長者は益々我が子の愛におぼれ、／自分の姫の云ふ事なれば千金をついやすと云へども、塵《ちり》、芥《あくた》の／如く思ひけれども、生得貪欲深くして、人の為に出すこと／なれば、口より舌を出すのもいや、袖より手を出すのもいやと云ふ／様な、慳貪邪見の月蓋長者なら、殊に仏宝（法）僧の／三宝とて仏様やら法やら法を取り次ぐ出家やら、現に釈／迦牟尼如来様が大林精舎に於て御説法ましますと云／へども、お詣りをすると云ふ様な事は暁の夢にも知ら／ぬと云ふ月蓋長者なら、五百人の長者及び下万民、／民お百姓に至る迄も血にそまれば赤くなるの道理で、

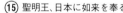

⑱稲目、如来を拝す　⑲尾興、寺を焼く

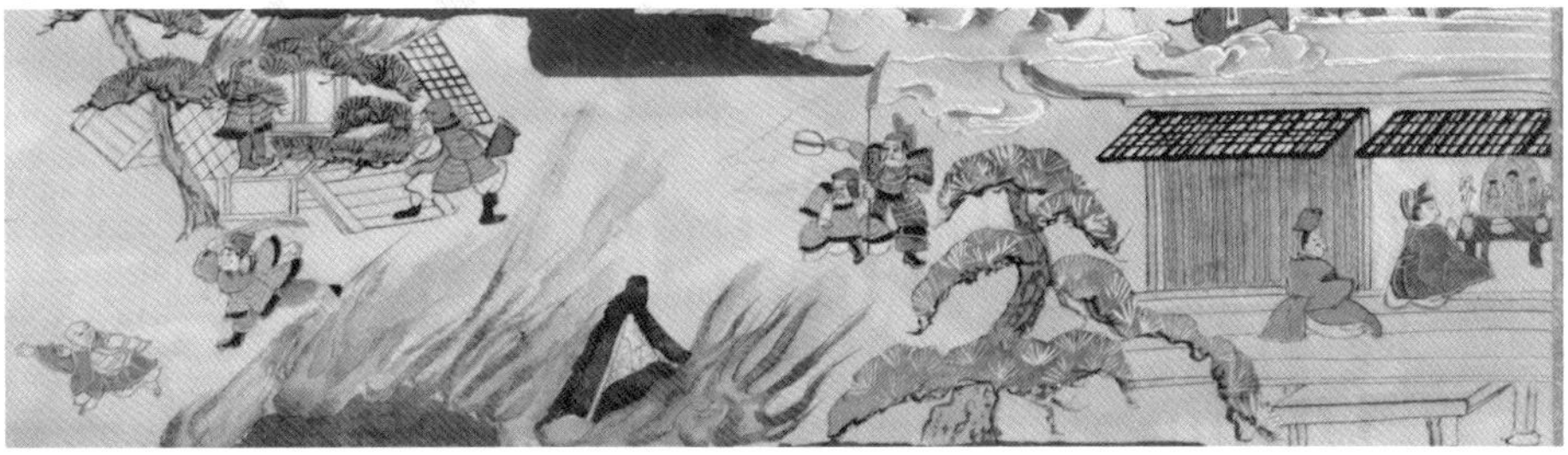

⑯聖明王、日本へ如来を奉る　⑰欽明天皇、諸臣と協議す　⑳如来、光明を放つ

㉑尾興、守屋、如来を池に棄つ　㉒太子、戦に出づ　㉓椋、太子を匿う

／皆慳貪邪見の者が多かつたと云ふ事であります。／さて釈迦牟尼如来様は天眼通力、他人通力で御／覧なされたならば、さて此の天眼通力と云ふ通力は／如何なる通力かと伺へば、三千世界は広しと云へども／ひとめに見えると云ふのが、これが即ち天眼通力の法と／あります。又他人通力と云ふ通力は如何なる通力／かと伺へば、人の心のどんぞこまでが鏡にかけた物を見／るが如くに明かに見えると云ふのが、これが即ち他人通／力の法とあります。釈迦牟尼如来様は、今此の天／眼通力、他人通力で御覧なされたならば、月蓋長者／はこのまゝ捨てゝおいた事なれば、未来は従苦入苦、従／宜入宜と暗から暗へさまようは必定なり。未来は火／柱かゝえて無量億劫泣きあかさねばならんのがふび／んやなアーと、今は慈悲の方便をめぐらして、／智慧第一の舎利弗尊者を腰元へ呼ばれ、舎利弗／ヤアー舎利弗ヤア、汝是より月蓋長者の楼門／にたゝずみ、おりよかつた事なれば教化をと／らせよと仰せありければ、舎利弗尊者は如来様の勅命／をこうむつて、月蓋長者の楼門にお立たずみ遊さ／れた。これを眺めた月蓋長者は、アー在家に物をほどこ／したならば此の前は有難うと云ふかなれど、出家に物を／ほどこしたとて一口の御礼を云はず、其の様な者に物をほど／こしたとて無益なりとて、御断り遊されたなら如何に／智慧第一の舎利弗尊者と云へども、手をむなしうして／釈迦牟尼如来様のおひざもとに御帰り遊して、其の由／を御話し申し上ぐれば

㉔ 迹見、守屋を射る

㉕ 如来、善光の背に乗る

㉖ 善光、如来を臼に安置

㉗ 善佐急死、父母嘆く

釈迦牟尼如来様には、汝長者に／因縁うすき事ならん。されば此度は憍梵波提尊／者とさしかはって参らるべしと、第二番目に憍梵波提／尊者と云ふ御弟子が、如来様の勅命をこうむつて、／月蓋長者の楼門に御立たずみ遊された。／これを眺めた月蓋長者は、御供養致したらとは思／へども、先きの御弟子が御聞き遊されたら、さぞや／御腹立ましまさん。先づ此度も御断りするにしくは／あるまいと御断り遊ばされたら、如何に憍梵波提尊／者と云へども、手をむなしうして、釈迦牟尼如来様のおひざ／もとに御帰り遊ばして、其の由を申し上ぐれば、釈迦牟／尼如来様には御聞こして召して、汝も長者に因縁う／すき事ならん。されば此度は羅睺羅尊者とさし／かわって参らるべしと、第三番目に羅睺羅尊者／と云ふ御弟子が、如来様の勅命をかうむつて月蓋／長者の楼門に御立たずみ遊された。これを眺めた月／蓋長者は、アーこの御方はもとを尋ねたら釈迦牟尼／如来様が未だ出家ましまさん、悉達太子の時の御子に／ましまして、浄飯大王の御孫にあたらせられる、一天万上／の御君に進ませられる御位にましまして、いやしくも衆生／斉度の為に御越し遊されたか。されば此度は御供養／申上げんものと思へども、つく〲考へていや〱さうぢや／ない先きの二人の御弟子が御聞き遊されたら、さぞや／御腹立ましまさん。先づ此度も御断りするにしく／はあるまいと、又々御断り遊されたら、如何に羅睺羅／尊者と云へども手をむなしうして、如来様のお

㉚ 善光親子、皇極天皇に懇願す　㉙ 善佐、皇極天皇に会う　㉘ 如来、善佐を済度

㉛ 善光寺境内

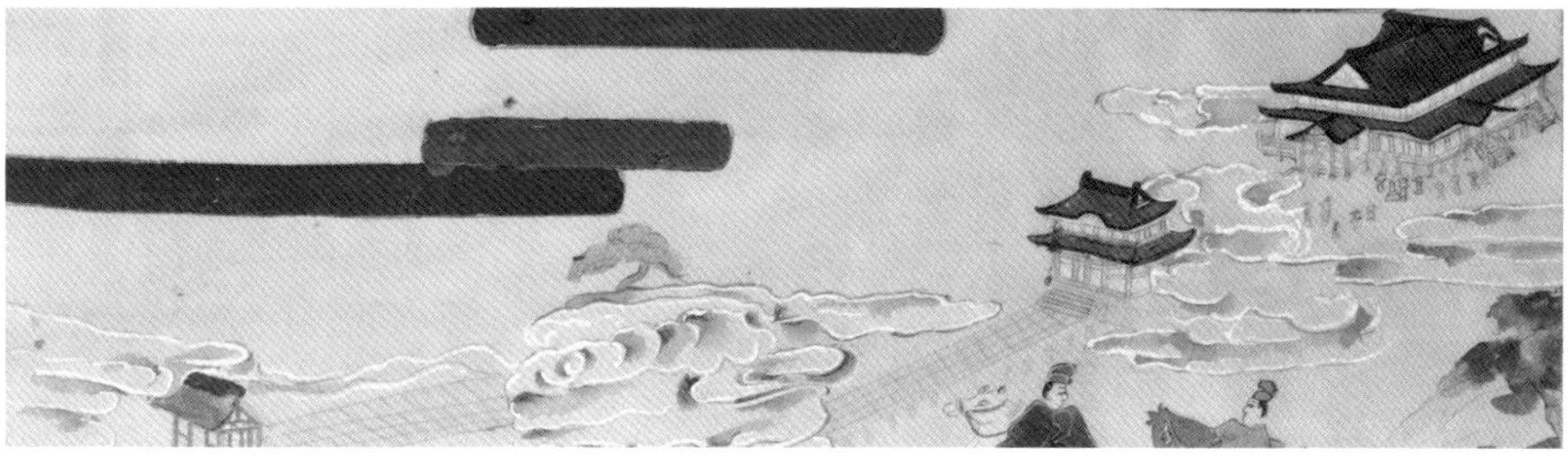

ひざ／もとに御帰り遊して、其の由を申し上ぐれば如来様／には御聞こして召して、慈悲の涙にむせばせられ、／然らば我れ自ら立ち出でて斉度せんものと、第四番／目に釈迦牟尼如来様が阿難、羅睺羅の／二人を引きつれ菩薩羅漢に圍繞《いにょう》ーせられて、／詞「此處では御絵様の事でありますので、阿難、羅睺羅／の二人に略してありますが、まだほんたふは沢山の菩薩様／や羅漢様とかと云ふ様な、お偉い御方が後につき／さふて御越し遊されたのでありますが、御絵様の事で／余り沢山は書けないので略してあります。」／

節※(2)『先づ月蓋長者の楼門に御立たずみ遊された／有様は、青蓮の御まなじりよりは慈悲の相を／あらはし、頻伽の御唇よりは妙なる御声をあげさせ／られ、月蓋〳〵と御呼び遊されると、不思／議なるかなや玉の御殿の奥深い月蓋長者には、／耳をつんざく様に聞こえたとあります。この呼／び声を聞いた月蓋長者は、アーこのたびは釈迦牟／尼如来様が直々御越し遊されたか、さればこの／たびは御供養申上げんものと、今は瑠璃の鉢の／其の中に一つぱいの御飯を盛り立て、、門前迄持／ち出でしが、此の時釈迦牟尼如来様には眉／見（間）の白光（毫）より光明かくやくと御照し遊されたら不／思議なるかなや一つぱいの盛り立てた御飯は、水昌（晶）／盛り立てた様にうるはしう見えたとあります。月／蓋長者はこれを見てアーこんなよいものを供養／してはあいならん。此の度ばかりなればよかれども、／此の味はいを見

て度々御越し遊されたら、例へ／天下にない竝びのない大長者と云はれ、宝は山の／如くつみかさねたりと云へど、段々〳〵宝がへつて、／しまひには首に袋をかけ乞食非人とおちぶれる／は道理なり。先づ初めが大事御断りするにしくはあ／るまいと、又々御断り遊されたら、如何に三世了脱／の釈迦牟尼如来様と云へども、縁なき衆生は／度し難しとて、月蓋長者の楼門を後にして／今は御帰り遊さんと云ふ其の時に、此れは月蓋／長者に使へて居た一人の下女あり（御絵を示す）。此の下女／がなげいて申す様には、アー我が御主人は天下に幷／びのない大長者と云はれ、宝は山の如くつみかさねたりと／云へども、わづか一つぱいの御飯が御供養出来ないとは／なさけない。我れは下女の身分なれば何一つとしてたく／はへなし。せめての事に此の五体にまとひし衣服なりと／もぬぎすて、御供養申上げんものと思へども、つく〴〵／考へてこの米のかしみ《（炊水）》ずは、元を尋ねたら御主人様の／ものである。御主人様のものと云へども、捨てゝしまへば我／がものも同様である。我がものも同様なれば、如来／様はおいしいものでもまづいものでも差別のないのが如／来様の御心なり。如来様が直々こゝへ御越し／遊ばしたに就いては、定めてきかつと云ふてお腹がすいた／で御座いませう。先づこの米のかしみ《（炊水）》ずなりとも御／供養申上げて、一先づ空腹をしのぎ奉らんとて、御／供養申上ぐれば如来様には、其の米のかしみ《（炊水）》／ずをおしいただき〳〵、三度迄もおしいた／だかれたと云ふ事であります。さて如来様には其の／米のかしみ《（炊水）》ずの御供養を受けされ《（「せら」脱）》、それを大林精舎に／もち帰られて、千二百人五十人の大阿羅漢二万／の大菩薩及四衆天龍八部人非人等にちは《（ママ）》／つて御供養をなされたならば、霧のすがたに似た／れども、』詞「味はいはと云ふたなれば甘露の如く、お腹／は充分にふくれたとあります。これが昔から申します／長者の万燈より貧《（貧者）》の一燈の同理で、如来様／は其の慈悲の真心を頂かれたのであります。お互／ひ〳〵がこれを善光寺如来様の御一代記の御話／しぢや、あれは月蓋長者の御話しぢやと、よそ／ごとに聴聞致して居りましては、切《（折）》角御忙しい／所御参拝下さいましても何んの所詮もないと云ふ／もの。お互ひ〳〵が自分の心と相談さして頂いて、／日々夜々の日暮しがはづかしい生活をして居らなかつた／かと、はんせいの御気《（「で」脱カ）》持ち御聴聞して頂きたい事／であります。」／

暫く音声をやすめて次き席で御取次致します。／

第一席終り

第二席

詞「前席でおわかれ申上げました處が、大聖世尊釈迦牟／尼如来様が月蓋長者につかわれて居た所の一人の下女／より米のかしみず（炊水）の御供養を受けさせられ、それを大林／精舎にもちかへられて千二百五十人の大阿羅漢／二万の大菩薩及四衆天龍八部人非人等にちは（ママ）／つて御供養をなされたならば、霧のすがたにも似たれ／ども味はいはと云ふたなれば甘露の如くお腹は充分／にふくれたと云ふ。これが昔から申します長者の万燈／より貧（貧者）の一燈の同理で、如来様は其の慈悲の真／心を頂かれたと云ふ所で御別れ申上ました。

かくて毘舎離国中の人々は月蓋長者にみならひて益々心／が慳貪邪見となり、それが為め邪気虚に乗じて入るならひにて遂／にもろもろの悪鬼邪神がみだれこんで来たのでありま／す。其の中に五つの夜叉があり、訖拏迦羅摩《キドギヤラマ》と云ふ顔／の黒い事墨の如く五つの眼あり、鉤《カギ》の如き牙があつて人々／の精気を吸とあります。此の訖拏迦羅摩《キドギヤラマ》は通力自在／で虚空を飛びあるき、一とたび息をふきかけられたり吸／はれたり致しならば五種の温病となるとあります。

節「さて此の五種の温病と云ふ病気は、如何なる病気かと／うかがひますれば、先づ第一番に眼よりうみち（膿血）が流れ、第二番／に耳よりは耳だれが流れ、第三番に鼻よりは鼻血が流れ、／第四番に舌はすくんで声いで（出）ず、のんど（咽）へとほす物は、し／ぶ（渋）よりもきしんで通らんとある。第五番に五体は海老《エビ》の様／にまがつてしまつて、熱はもえたつ様な熱がしてヒイ〳〵／〳〵と泣きさけぶ其の声は、山もくずるると云ふ恐し／い有様。此の恐しい五種の温病にかゝり死する人は巷に／あふれ、或は子に別れ妻にはなれ、或は父母兄弟をうし／なひて、泣き叫ぶ其の声は野山にひゞき、昨日は他人の葬／式よ今日は我が身の上となる。あはれはかなき有様は云は／んかたなし。月蓋長者このよしをきいておほきに恐れ、こ／のたびの悪病は悪鬼邪神がみだれこんで人々／をなやますことなれば、先づ館《ヤカタ》のぐるりをまもれよ／と、家来の者に剣鋒《ツルギホコ》をもたせ、十重二十重《トエハタエ》とげんじゆう（厳重）／に守らせるかなれど、其の家来の者が五種の温病となり、病／み臥《フ》す事さながら風にのべふす草の如く、一人として／助かる者なし。通力自在の悪鬼邪神の事なれば、遂／に球《タマ》のすだれの奥深く養育する如是姫も、五種の温／病となつたら見るかげもない。如是姫ことし十三歳、春の／花に露をふくみ青柳に風になびくが如く、云ふに云はれぬと／云ふ美人なれども、かの悪鬼邪神ひとたび毒気を吹きか／くれば、忽ち五種の温病となり、眼よりうみち（膿血）が流れ、耳よりは耳／だれが流れ、鼻よりは鼻血が流れ、舌はすくんで声いで（出）ず、の／んど（咽）へ通す物は渋よりもきしんで通らんとある。五体は海老／の様にまがつてしまつて、熱はもえたつ様な熱がして泣き／さけぶ有様に、月蓋長者は医者よ薬よ療治《リヨウジ》よと、祈／年（念力）祈禱《キトウ》は至されても更に其のこうのう（効能）もなく、如是姫のもだえ／苦しむ有様は、目もあてられぬ程に、最後に耆婆（ギバ）大臣と云ふ／名医者を王舎城より向へ来たつてしんさつを乞ひ薬を盛《もつ》／て頂くと云へども、更に其のこうのう（効能）もなく、遂に耆婆大臣さじ／をなげて申す様には、此の病気は身体から出たる所の病気では御座／いません。心が慳貪邪見故出たる所の病気なら、私では治す事／は出来ませんとて流石《サスガ》の耆婆大臣も今は王舎城へ御帰り遊さ／れたなら、月蓋長者は如何に我が可愛い丶娘と云へども、み／すく〵見殺しにするより是非に及ばんとて今は後悔のなみだにか／きくれしに、如是姫の病気は昨日よりは今日、朝よりは夕と／弱り行き、命はさながら風前のともしびと云ふ有様に、五百／人の長者が声を揃へて申す様には、姫君の病はこれまで種《イロ》／々《イロ》に心を盡し給へども、医薬も神力も其の功なし。この上は手を／こまぬいて終りを見んよりは、大林精舎に於て／御説法まします所の大聖世尊釈迦牟尼如来様は、一切衆生／の苦患を救ひ給ふよしなれば、早く大林精舎へ御参拝遊され御／願ひ致されよと、進められても月蓋長者は答へもせず黙然《モクネン》と／して居たが、早や其の間にも如是姫の容体はや丶衰へ、今は／あやふくみえければ、五百人の長者又々声を揃へて進めしに、／やうやくの事で其の時涙を押へて月蓋長者申す様には、五百人の長者よう聞いて下さいませ、／何を申上ぐるにも先づ第一番には智慧第一の舎利弗／尊者、第二番目には憍梵波提尊者、第三番目には羅睺羅／尊者、第四番目には釈迦牟尼如来様が直々御越し遊されても、／わづか米一つぶたりとも御供養申上げた事が御座いません。／今更我が娘が可愛いとて、何んの面目があつてお釈迦様を初め／御弟子達に顔を合せられませう。ごすいりよう（御推量）下されと、又々／後悔の涙にかきくれしに、又々五百人の長者が声を揃へて申／す様には、月蓋長者さういふものではない。我々人間こそ／うらみにくむと云ふ事はあれど、仏はもとより慈悲を心／とし給ふ故に如何につれなくあたつても、反つて其の人をあは／れみ給ひ、罪のある者も無い者も、一人子の如くおぼし召す由／受賜り居れば、これ迄の悪いと云ふ事はがいけ懺悔して、おわび／を致したならば、見捨て給はんのが如来様の御心なり。早く御出／で遊されと進められて、月蓋長者はやう〵の事で年は六十三才／にして花の車に打ち乗つて白き象に引かせ、観喜長者、嗜養／長者、留志長者、万歳長者五百人の長者従へて、初めて／大林精舎の御説法の道場へ御参拝遊された。先づ退／凡下衆の界にて車をとどめ、合掌恭敬して歩み行く／に、何んとなく我が心よりしきの高さを覚え、慚愧慚悔の涙に／むせび、身体にひや汗を流して、やうやく如来様の御前へ／詣でて、合掌礼拝して申しける様には、此の頃我が毘舎／利国に大悪病がはやり、死する者数知らず、天下の名医者／耆婆大臣と云へども手をつくす事能はず。其の中に我が娘／年は十三才の如是と云ふ者これ又此の悪病にか丶り、命はさな／がら風前のともしび、草の上の朝の露よりも尚危く、乞い／願くば如来平等の御慈悲を以つて、我が国の五種温病す（救）／くはせ給へと御願ひ申上ぐれば、如来様には月蓋長者／に告げ給はく、此の度の悪病になやむ者は、前世より受けた／る所の業報なれば、我が力にては救ふ事は出来んぞよと／御断り遊された。此れを聞いた月蓋長者は気はきよらん(「う」脱カ)／の如く気違ひの如く、釈迦牟尼如来様の御前をもはば／からず五体をどつとうちなげて、正体もなかつたとあるが、や／や暫くあつて釈迦牟尼如来様には、月蓋長者の心／を打ちなだめ、月蓋長者何も心配致するな案ずる／な、此れに一つの方便があるぞよ。阿弥陀経といふ御経／様の其の中には、此れより西方十万億の仏土を過ぎ／て世界あり。名付けて極楽と云ふ。其の土に仏ま／しまして阿弥陀と申し奉る。此の阿弥陀如来様は／慈悲円満なる御方なれば、汝これより館に立ち帰り、／香華燈明供養して、手を洗ふて口をそそぎ、西に向／つて南無阿弥陀仏と、一心専念して御六字様唱へ／たならば、極楽世界より阿弥陀如来様が御来／臨ましますぞよ。其の御光明の御照しに依つて、如何に／死人は山の如くつみかさねたりと云へども、一人のこらずよみ／帰りを致し、病んで居る所の病人は、立ちどころ／に全快致するぞようーと教へられ、月蓋長者飛び立／つ思ひをなして我が館に立ち帰り、香華燈明供養／して、手を洗ふて口をそそぎ、西に向つて南無阿弥陀仏と／御六字様を唱へたならば、其の御六字様の終るや終／らむに、極楽世界より阿弥陀如来様が、」詞「月蓋長者／の楼門に二昼夜の間御現れ遊されたのであります。／先づ真中に御立ち遊されたのが阿弥陀如来様、向つて／右に御立ち遊されたのが観音菩薩様、向つて左に御立ち／遊されたのが勢至菩薩様、御(後)光はと云へば舟御(後)光、云は／ゆる一光三尊阿弥陀如来様おすがたとなつて御現れ／遊されたのであります。観無量寿経と云ふ御経様の其の／中には、極楽世界の阿弥陀如来様の御背の御高さを六十／万億那由他恒河沙由旬と云ふて、非常に高い御背に説／いてあります。所が此處に御現れ下された一光三尊阿弥陀如／来様の御背はそんな六十万億那由他恒河沙由旬と／云ふ様な高い御背では無くして※(3)一搩《いつけつ》手半の背にちゞま／つて御現れ下されたのであります。一搩とは手を開き中指の末と大指の末／が一搩、もう半分つぎたしたものが一搩手半。／物指しにあて、みますれば、やうくの事で曲尺の一尺二寸ばか／りとあります。即ち末世相応のすがたとなつて御現れ下さ／れたのであります。右の御手は施無畏《セムイ》の印、左の御手は刀剣／の印、観音勢至の二菩薩は共に梵筺の印を結ばせ給ひ、一／光の中に三尊の御姿を現して月蓋長者の楼門に御来／臨ましましたのであります。刀剣施無畏の印は抜苦與／楽を表示されたもので、梵筺は悪魔降伏を表示されたも／のであります。又御三尊仏の蓮台は蓮の実《み》の上に御立ち／遊されて居ります。一般の仏様は八葉の蓮華と云ふて蓮／の萬(満)開した上に御立ち遊されて居ります。花に例へましても／花の開いて居る時は此れは即ち盛んな御世《みよ》を現したもの、／花びらが散つてしまつて実《み》が結んだ所は此れは即ち末の世／を現したもので、此れから見ましても一光三尊阿弥陀如来様／は確に末世の衆生救はんが為、此の娑婆世界へ御現れ／遊された御仏であります。」

節「さて此の一光三尊阿弥陀如来は大光明を放ちて、毘／舎利国中を照し給へば、山泉(川)草木に至る迄悉く金色と／なつて照りかがやきければ、国中に充満せる悪鬼邪神も／御光《みひかり》に照されて通力を失ひ、ちり〴〵に逃げ去りけれ／ば、毘舎利国中の人々は、まのあたり如来様の御光明／を拝み長者の館に集り来り、柳の枝と浄き水とを／観音菩薩に捧げ奉れば万死一生の如是姫を初め、一／人のこらずよみず帰りを致し、病んで居る所の病人は立／ち所に全快致したならば、月蓋長者は、こんな尊い御仏／をどうかして此の土に止め奉りたいと、二度(ママ)び大林精舎の御／説法の道場へ御参拝遊され、釈迦牟尼如来様に御／願ひを遊された。」

詞「さて此處に於て釈迦牟尼如来様が神通第一の目連尊／者※(4)を龍宮世界へ使ひを使はして、閻浮檀金と云ふ宝物／を御取りよせ遊され、寸分たがはぬ如来様をゐうつす事／に相成るのでありますが、余り長くなりますので此處でち／よつと一服致しまして、次席で御取次を致します。」

第三席

詞「さて前席でお別れ申上げた処が、月蓋長者が我／が館に立ち帰り、香華燈明供養して手を洗ふて口／をそゝぎ、西に向つて南無阿弥陀仏と御六字様を唱／へたならば、極楽世界より御三尊仏様が末世相／応の姿となつて御現れ遊され、其の御光明の御照し／に依つて毘舎利国中の人々は一人残らず、よみ／がへりを致し、病んで居る所の病人は立ち処に全／快致したならば、月蓋長者はこんな尊い御仏をど／うかして此の土に止め奉りたいと、二度大林精舎の御説／法の道場へ御参拝遊され、釈迦牟尼如来様に御／願ひを致された所で御別れ申上ました。」

節「此れを聞かれた釈迦牟尼如来様には、其れでは※(5)閻浮檀／金と云ふ宝でゐうつすが好からうぞよと仰せ遊された。此れ／を聞いた月蓋長者はされば(「で」脱カ)御座ります。私は天下にない幷《なら》び／のない大長者と云はれ宝は山の如くつみかさねたりと云へども、／閻浮檀金と云ふ宝ばかりは、人間世界にない宝なら、如何／致したならば、宜敷う御座いますかとおなげき致すれば、釈／迦牟尼如来(「様」脱)には、月蓋長者何も心配致するな案ずるな、我／が弟子の通力第一の目連尊者を龍宮世界へ／使はして、閻浮檀金を取りよしてやる程に心配致するなよう―／の御勅命。早や目連尊者は、如来様の勅命をかうむつて／まのあたり龍宮世界へ御越し遊され、娑伽〔羅脱〕龍王に御面会遊され、勅／命の次第を申上ぐれば、娑伽龍王答えて曰く、娑婆世界の／人間は、くわ（鍬）、かま（鎌）を持って田畑を耕作致して、露命と云ふて／命つなぎを致さる、が、龍宮世界は海底とて海の底の事／なれば、田畑を耕作する事は出来難ないで、せめての事にこの閻／浮檀金と云ふ宝の徳を以つて、命つなぎを致して居りまする。／命つなぎの第一等の宝なら、外の世界へ持ち出す事の／出来ない宝なれども、このたびばかりは釈迦牟尼如来様の／勅命と云ひ、殊に極楽世界の阿弥陀如来様をゐう／つし奉ると云ふ事は、無量億劫にもあひがたないで、このた／びばかりは御供養申上げ奉るとて第三重の塔に近づかれ、先／づ一番上の塔には釈迦牟尼如来様の御経様がこめさせ／られてまします。一つ下がつて第二重の塔には過去七仏の／御舎利がこめさせられてまします。一番下の第三重の塔／には閻浮檀金と云ふ宝物がこめさせられてまします。此の／閻浮檀金若干を娑伽羅龍王自ら取り出し、目連／尊者に御渡し申し上ぐれば、目連尊者其れを拝し受／け、まのあたり釈迦牟尼如来様の御前へ御帰り／遊して、釈迦牟尼如来様に御渡し申上ぐれば、釈／迦牟尼如来様は其れを月蓋長者に御授け遊さ／れ、月蓋長者其れを拝し受け、我が館にたちかへり、／釈迦牟尼如来様を御招待申し上げ奉り、釈／迦牟尼如来様は又極楽世界の阿弥陀如来／様を御招待申し上げ奉つた。」

詞「此処では又御絵様事でありますので、極楽世界の／阿弥陀如来様を天人と四天王が御守り致されて居る図／が書いてありますが、御絵様の事であり／ますので略してあります。」／

節「先づ毘沙門天の四天王は御身には小金（黄）の鎧《よろひ》を着し、／三平等のほこをつゐにつき、三十六部の神王、万億恒沙の善／鬼神、難陀、跋難陀の八大龍王は共に如来をいにようし（圍繞）奉り、／欲界色界の天人は花を散らし、乾闥婆王は管絃を奏し／奉り、天地の神々は一時により集まつて今や護念と云ふて御護りを至／されると云ふ有様。かくて釈迦牟尼如来様は暫く地をはなれて空／にお上りましまさば、月蓋長者閻浮檀金若干を釈迦弥陀二／尊の中央とて真中の処に御供へ申上ぐれば、釈迦弥陀二尊は／共に眉見（間）の白光（毫）より光明かくやくと御照し遊されたなら、不／思議なるかなや閻浮檀金若干は自然天然と湯とふき／あがり、自然天然と出来上らせられたが、とりもなほさず信州は／信濃国善光寺の御本尊、一光三尊の阿弥陀如来様／におはしますのであります。」

詞「信州の善光寺の御本堂に御安置し奉る所の御本尊一／光三尊阿弥陀如来様は、其の昔印度に於かせられて、御／釈迦様と極楽世界の阿弥陀如来様との御光明と／御光明の御照しに依つて、閻浮檀金と云ふ宝物が自／然天然と湯とふきあがり、自然天然と出来させられた御／仏でありまして、其の御仏が印度から支那、支／那から朝鮮、朝鮮から日本と三国伝来と云ふ／

て伝はつて来た尊い御仏であります。」

節「かくて極楽世界の阿弥陀如来様がひたい《(額)》を三度／おなぜ遊されたら、早や生が入らせられたとあります。生が入らせ／られたと思ひしに、新仏が本仏に向はせられて三拝とて／立つたりかが《(屈)》んだりして、三度御礼をとげられたとあります。」

詞「かう御話しを申し上げますと、

さて二体とも五色の雲にうちのらせられて、空に御上りましまさ／ば、月蓋長者声をはりあげて申す様には、極楽世界の／阿弥陀如来《(「様」脱)》は極楽世界へ御帰りましますかは／道理かなれど、このたび出来させられた御仏は、我ら生／れかはり死にかはり御給仕申上たうとて出来させら／れた御仏なら、何故あつて御帰りましますかと、声を／はりあげて申しなば、此の時五色の雲のたえまより、み／みやう《(微妙)》の御声をあげさせられ、月蓋長者何も心配／致するな安《(案)》ずるな、我極楽世界の阿弥陀如来を／極楽世界へ送り届け、我れ二度び此の土にたちか／へり、汝と共に衆生済度致するぞようーの御言葉。／月蓋長者うち喜び裏方に当つて寺道場をきづいて、」

詞「御待ち申上げるその程に、極楽世界より阿弥陀如来／様が御帰りましまさば、此の時より月蓋長者生れかはり／死にかはり御給仕申上ました年数が、天竺に於ては／千四百有余年の間で、其の後如来様は虚空／をふんで朝鮮は百済の国へ御渡り遊された。此処／に御とどまり遊ばした年数が百有余年。其の／当時の御天子様は聖明王、非常に仏法は盛んな／御世ではありましたが、或る日の事如来様よりの勅／命があり、我れ此の土に於て衆生済度する因縁／がつきた程に、我れを守りて東の国である所の日本の／国へ送り届けてくれーの勅命。百済国聖明王／も仏法は盛んな御世とは云ひ、殊に如来様に御別／れ申すと云ふ事は生木もさか《(裂)》る様には思召／すかなれど、仏勅をそむくと云ふ事は出来難な／いと云ふので、泣きの涙で籏、天蓋、みずしもおこし／らへ遊され、日本の国へ送り届ける所の宝の御舟も／おこしらへ遊され、さて用意が出来た其の程に百済の／国は百司百官下万民、民お百姓に至るまで御見／送り申すと云ふ、其の時、百済の国の人々は如来様／に御別れ申すと云ふ事が非常におしう思召して、／舟のともずなにしつかりとまつて舟をつきいださうとなさ／れん故に、如来様には百済の国の人々にかたみとし／て一つの偈文を御授け遊された。其の偈文が、」

節「娑婆曾者定離苦。早く此土を厭ふて出／離を求めよ。西方常住不退の楽あり。我れを慕ふ／てくれるなら、南無阿弥陀仏の功徳の広大なる／事を忘れて来れるなようー、の御勅命。」

詞「此れは偈文でありまして、此のままでは皆様方も／御解りにくいと存じますので、今一度解りやすい様／に御話し申上ます。」

節「娑婆世界はういてんべん《(有為転変)》と云ふて、一度会ふたものは／

別れると云ふ悲しみがあるぞよ。親に別れて悲しむ者／もありや、妻や夫をうしなうて悲しむ者もありや、又可愛い我／が子にさきだたれ悲しむ者もありや、又親の代には何処／そこの財産家と名ざされた人も、せがれの代となつて／は居る場もないとうつり変るが世の中の有様であるぞ／よ。極楽世界は常住とて少しも変りがないのが極／楽世界であるぞよ。我を慕ふてくれるなら南無阿／弥陀仏の功徳の広大なる事を忘れてくれるなよ／うの御勅命。」

詞「南無阿弥陀仏は功徳広大であります。字／に書けばたつた六字。此の六字の中には功徳広大／なるおいはれがあるのでありますが、余り長くなります／のでちよつと一服して又次席で御取次申上ます。」

第四席

詞「前席で御絵の上からお別れ申上げました所が、／百済の国の人々が如来様にお別れ申すと云ふ事／が非常におしふ思召して、舟のともずなにしつかり／とまつて舟をつきいださうとなされん故に、如来様には／百済の国の人々に形見として一つの偈文をお授け／遊された。其の偈文が、」

節「娑婆会者定離苦。早く此の土を厭ふて出離／を求めよ。西方常住不退の楽あり。我を慕ふて／くれるなら、南無阿弥陀仏の功徳広大なる事／を忘れてくれるなよう｜」詞「の御勅命で、此れは偈／文でありますので、最う一度解りやすい様に御話し致／しますと、」節「娑婆世界はういてんべん《（有為天変）》と云ふて、一度／び《（ママ）》会ふたものは別れると云ふ悲しみがあるぞよ、親に別れ／て悲しむ人もありや、又可愛い、我が子をうしなうて／悲しむ人もありや、又親の代には何処そこの財産家／と名ざされた人も、せがれの代となつては居る場もない／とうつりかわるが世の中の有様であるぞよ。極楽／世界は常住とて少しも変りがないのが極楽世／界であるぞよ。我れを慕ふてくれるなら南無阿弥／陀仏の功徳の広大なる事を忘れてくれるなよう、／の御勅命でありました。」

詞「百済の国の人々は其の偈文のうれしさのあまり舟をは／なてば、舟は海上に浮べおもむろ順風にして、宝の御舟《ミフネ》／は日あらずして、我が日本は摂津の国難波の浦／に御着き遊された。其の時がいつの頃であつたかと／申しますと、人皇は三十代欽明天皇が御位《ミクライ》にお／つき遊されてより十三年目、壬申《ミヅノえサル》十月十三日で、其の／当時の宮中は大和の国は磯城《シキ》の上郡磯島金刺《カミゴーリシキシマカナザシ》の宮／と申して居りました。

さて此の欽明天皇様の御殿へ、一光三尊仏と経論若干／と其れに一つの御文をそへて献上したのであります。其の御文が、

節「是の法は諸法の中に於て最も殊勝なりとす。解し難く入

／難くして周公孔子も尚知る事能ず。此の法は能く無量無／辺福徳の果報を生ず。乃至無上菩提を成弁す。たとへば／人の随意の宝をいだき、用ふる所をおもふてことぐく心にし／たがふが如し。此の妙なる法宝も亦復《マタく》然なり。もとめ／願ふ事にしたがひ乏しきところなし。夫れ且つ遠く天竺よ／りここに三韓におよぶ教に依りて、奉持し尊敬せずと云ふ／事なし。是によりて百済の国王臣明謹んで陪臣《バイシン》の怒唎《ヌリ》、／斯致《シチ》をつかはして帝《ミカド》の国へ伝へ奉る。畿内《キナイ》に流通したまへ。／果して仏の記し給ふ所我が法、東につたふー。」**詞**「と、これ／だけしたためてあつたのであります。

（本文頭注）

※（１）讃題は声をひくく。

※（２）声を少し大きく。

※（３）一搩手半。一搩手は曲尺の八寸なり。半は四寸なり。合して一尺二寸とす。搩は手を開き、中指の末と大指の末にて寸法を取りしものならん。

※（４）龍宮世界。印度の釈迦族と云ふ如く、龍族をさして云へるものならん。

※（５）閻浮檀金。勝金とて色赤黄にして紫の光りを出すとある。

（付記）

この台本本文には、今日の人権擁護の見地に照らして不適切だと思われる語句や表現があるが、台本の性質や作成時の時代背景を考慮してそのままとした。

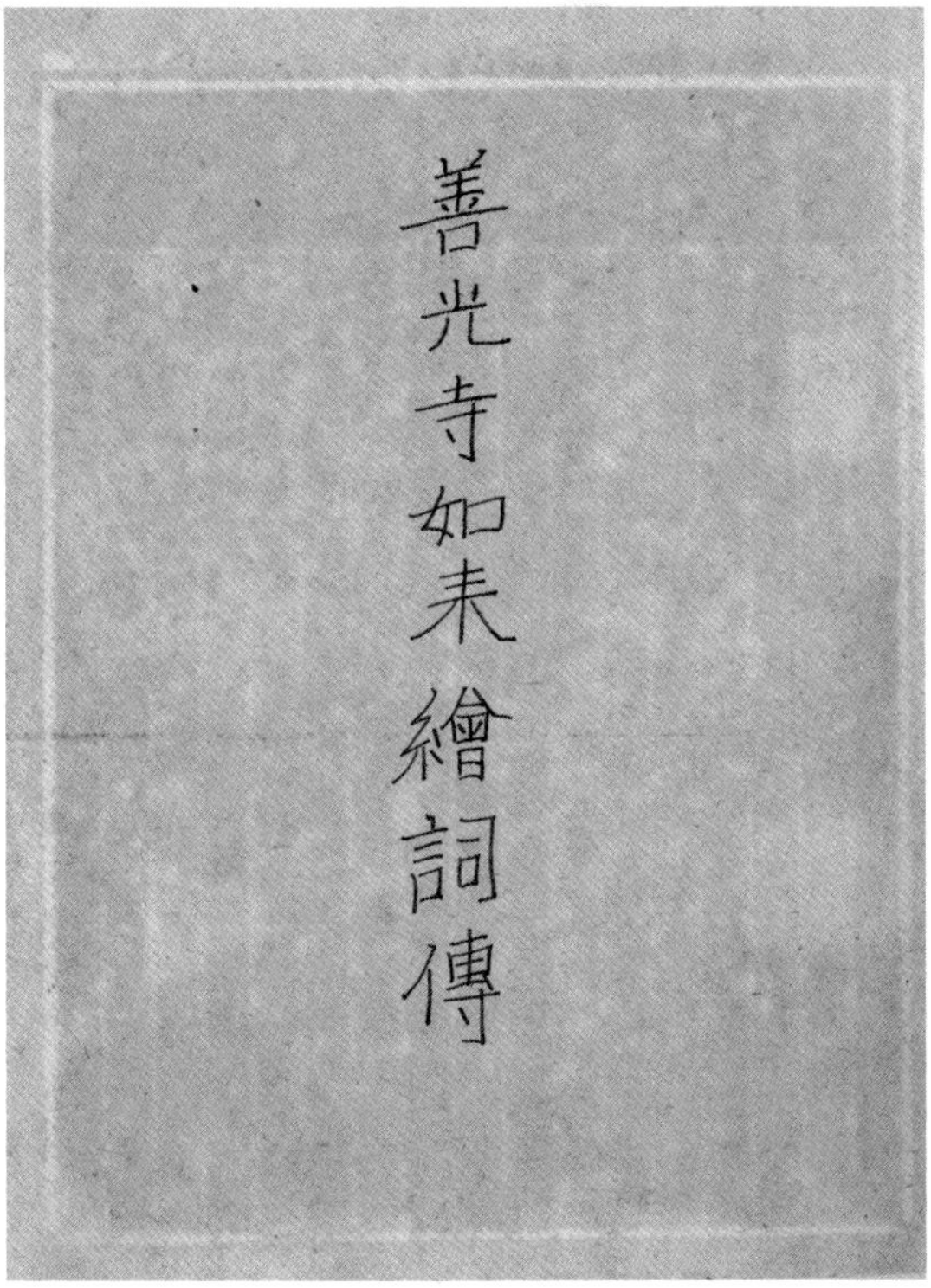
善光寺如來繪詞傳

『善光寺如来絵詞伝』

原本

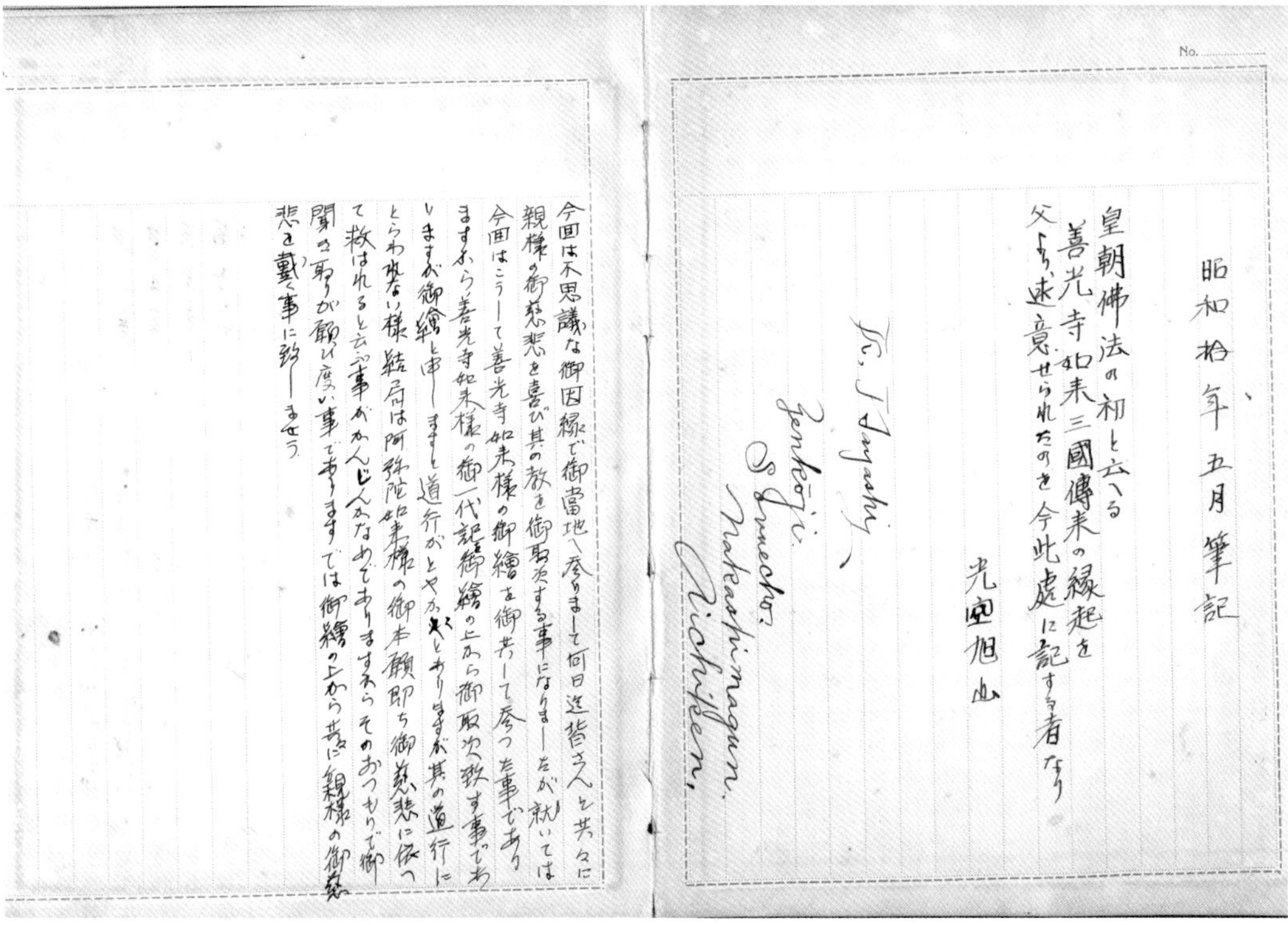
昭和拾年五月筆記

皇朝佛法の初と云へる
善光寺如来三國傳来の縁起を
父より述意せられたのを今此處に記する者なり

光空旭山

今回は不思議な御因縁で御當地へ参りまして何日迄皆さんと共々に
親様の御慈悲を喜び其の教を御取次する事になりまーたが就いては
今回はこう一て善光寺如来様の御繪を御共一て参つた事であり
ますから善光寺如来様の御一代記を御繪の上から御取次致す事であ
りますが御繪と申しますと道行がとやかくとありますが其の道行に
とらわれない様結局は阿弥陀如来様の御本願即ち御慈悲に依つ
て救はれると云ふ事がかんじんなのでありますからそのおつもりで御
聞き取りが願い度い事であります では御繪の上から共に親様の御慈
悲を戴く事に致しませう

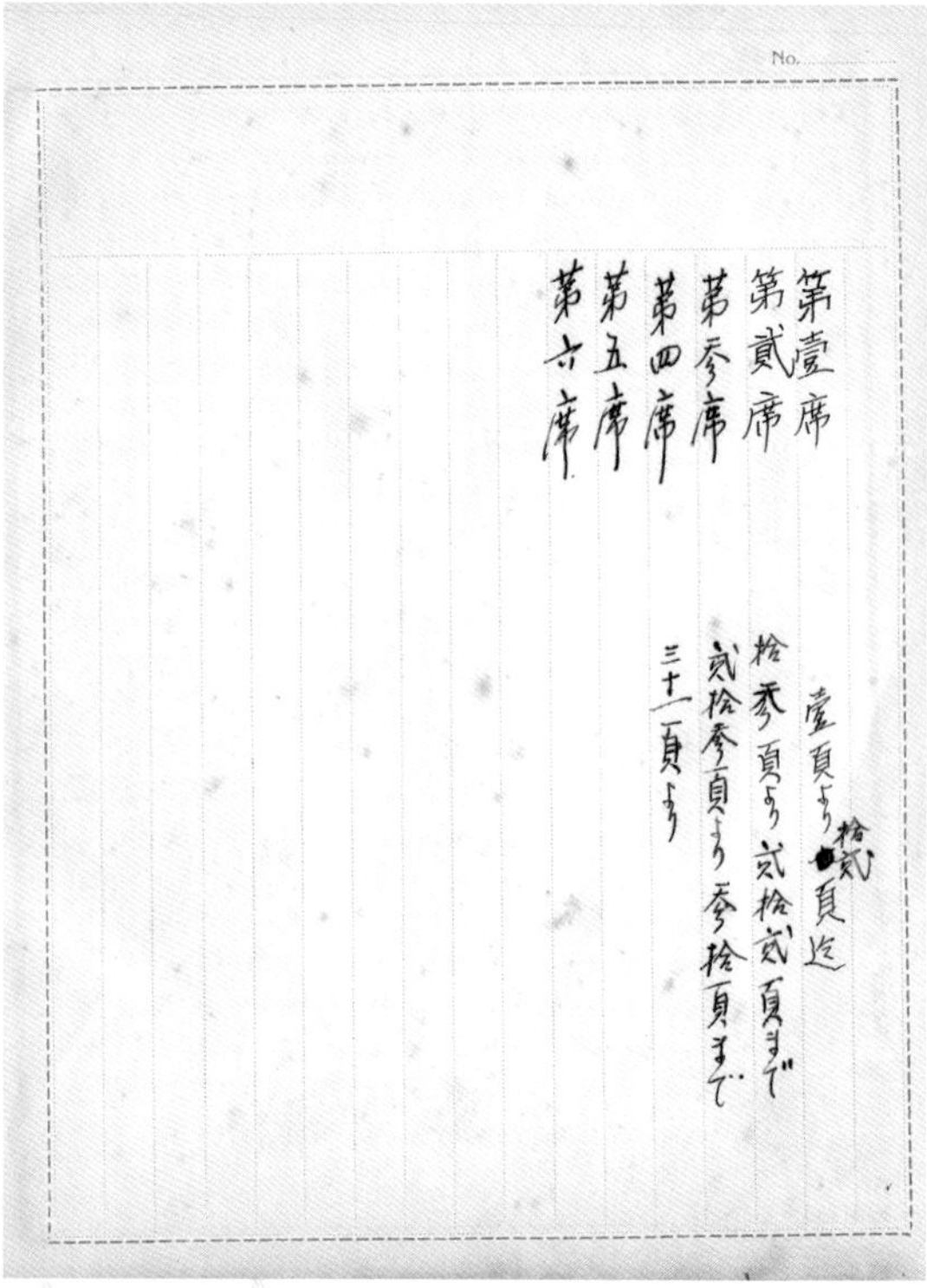

第壹席　壹頁より拾弐頁迄
第弐席　拾参頁より弐拾弐頁まで
第参席　弐拾参頁より参拾頁まで
第四席　三十一頁より
第五席
第六席

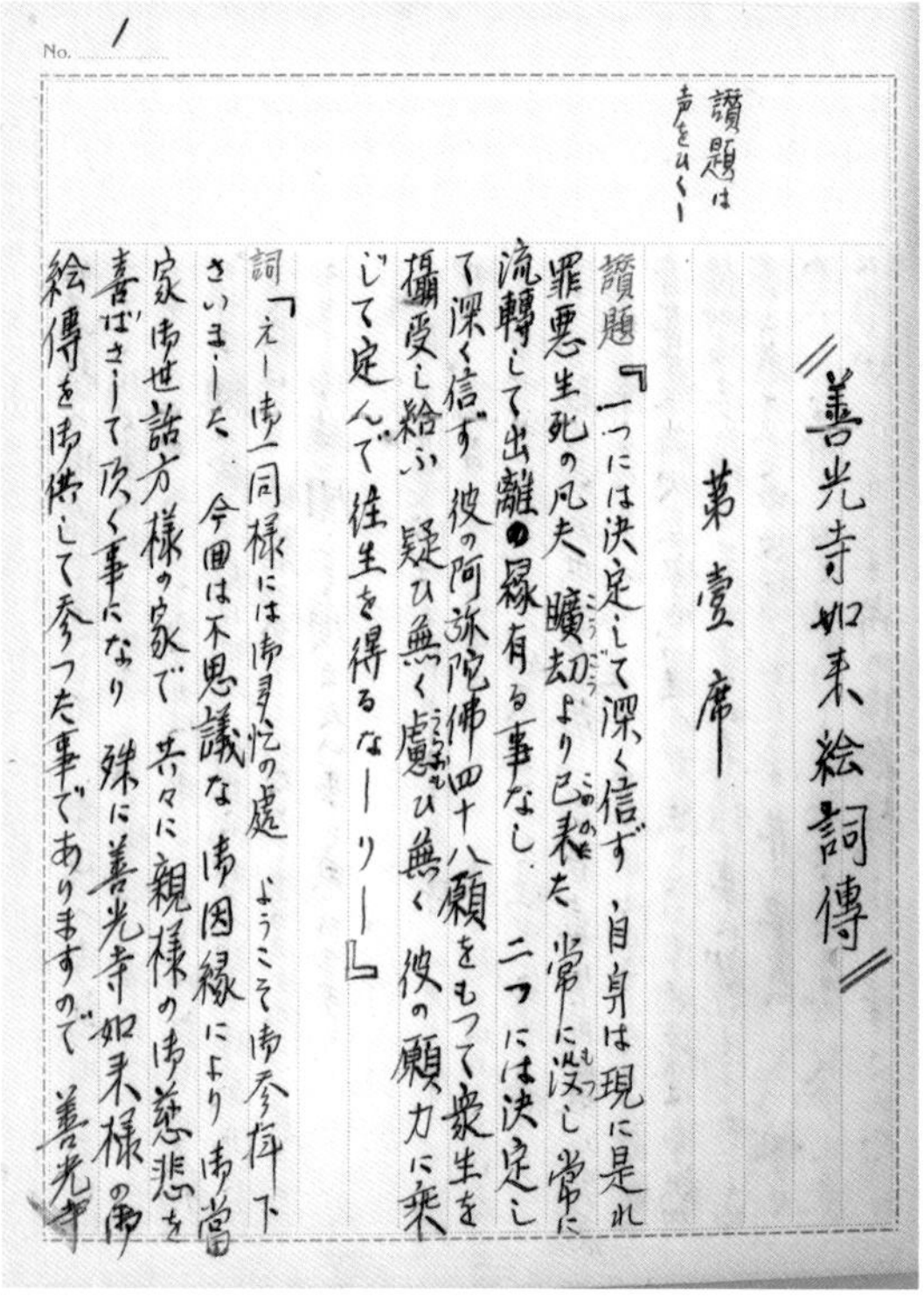

No. 1

讃題は声をひくー

≪善光寺如来絵詞傳≫

第壹席

讃題『一つには決定して深く信ず、自身は現に是れ罪悪生死の凡夫　曠劫《こうごう》より已来《このかた》常に没《もっ》し常に流轉して出離の縁有る事なし。二つには決定して深く信ず　彼の阿弥陀佛四十八願をもつて衆生を攝受し給ふ　疑ひ無く慮《うらおもひ》無く　彼の願力に乗じて定んで往生を得るなーりー』

詞「えー御一同様には御多忙の處　ようこそ御参拝下さいましーた　今回は不思議な御因縁により御當家御世話方様の家で　共々に親様の御慈悲を喜ばさーして頂く事になり　殊に善光寺如来様の御絵傳を御供えして参った事でありますので　善光寺

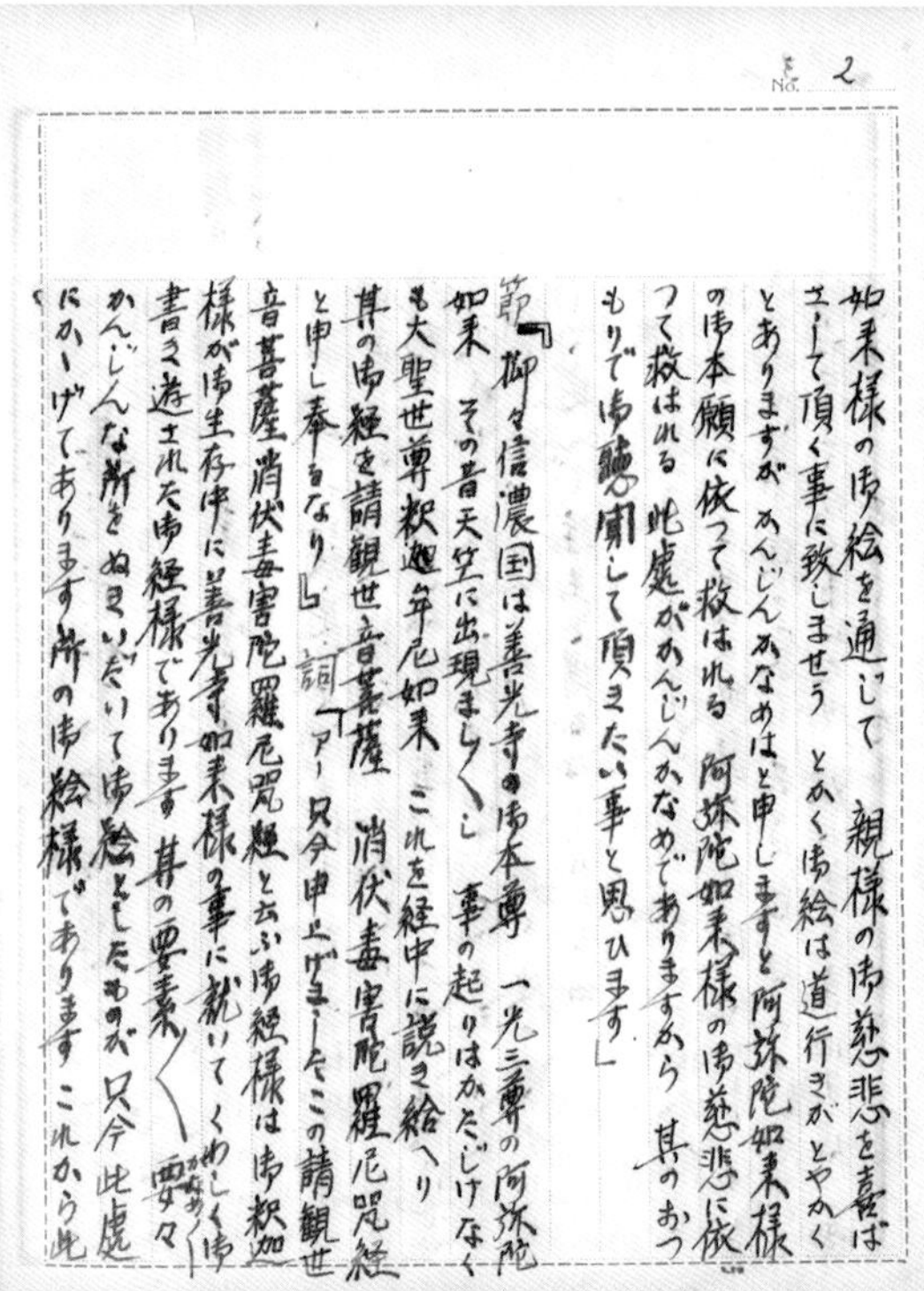

No. 2

如来様の御絵を通じて　親様の御慈悲を喜ばさーして頂く事に致しませう　とかく御絵は道行きがとやかくとありますが　かんじんかなめはと申しますと阿弥陀如来様の御本願に依つて救はれる　阿弥陀如来様の御慈悲に依つて救はれる　此處がかんじんかなめでありますから　其のおつもりで御聴聞して頂きたい事と思ひます」

節『抑々信濃国は善光寺の御本尊　一光三尊の阿弥陀如来　その昔天竺に出現ましくし　事の起りはかたじけなくも大聖世尊釈迦牟尼如来　これを経中に説き給へり　其の御経を請観世音菩薩　消伏毒害陀羅尼呪経と申し奉るなり』詞「アー只今申上げましたこの請観世音菩薩消伏毒害陀羅尼呪経と云ふ御経様は御釈迦様が御生存中に善光寺如来様の事に就いてくわしく御書き遊ばされた御経様であります　其の要素々々　要々《かなめかなめ》をぬきいだいて御絵としたものが　只今此處にかゝげてあります所の御絵様であります　これから此

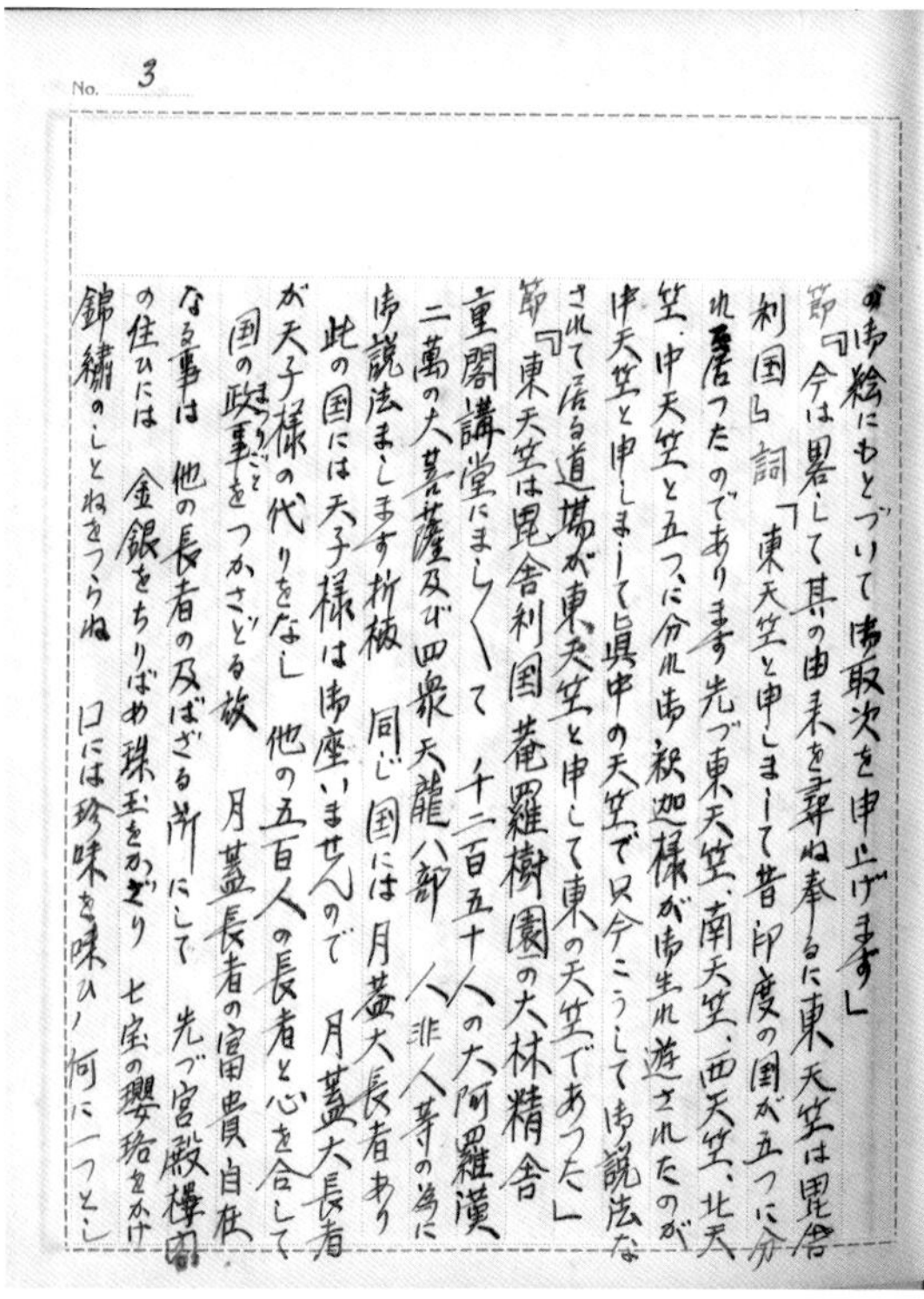

No. 3

の御絵にもとづいて御取次を申上げます」

節『今は昔し　其の由来を尋ね奉るに東天竺は毘舎利国』詞「東天竺と申しまーして昔印度の国が五つに分れ居つたのであります先づ東天竺、南天竺、西天竺、北天竺、中天竺と五つに分れ御釈迦様が御生れ遊ばされたのが中天竺と申しまーして眞中の天竺で只今こうして御説法なされて居る道場が東天竺と申して東の天竺であつた」

節『東天竺は毘舎利国菴羅樹園の大林精舎重閣講堂にましくて　千二百五十人の大阿羅漢二萬の大菩薩及び四衆天龍八部　人非人等の為に御説法ましーます折柄　同じ国には月蓋大長者あり』

此の国には天子様は御座いませんので　月蓋大長者が天子様の代りをなし　他の五百人の長者と心を合して国の政事《まつりごと》をつかさどる故　月蓋長者の富貴自在なる事は　他の長者の及ばざる所にして　先づ宮殿樓閣の住ひには金銀をちりばめ珠玉をかざり　七宝の瓔珞をかけ錦繍のしとねをつらね　口には珍味を味ひ　何に一つとし

No. 4

て心にかなわぬ事もなく　榮耀榮華の身なれども　月蓋
長者年は五十歳に及ぶかなれど　未だ一人の子も得ざりけ
れば　夫婦只此れを一つのなげきとして居たが　年五十一歳
にして初めて一人の子を設けられたが　此れが即ち如是姫
と云ふ　姫君でありました
此の如是姫のすがた形のうるはしい事は春の花に露をふくみ
青柳の風になびくが如きなり　もれいづる月の面影の如く
云ふに云はれぬと云ふ美人なら　月蓋長者の寵愛は限り
ない事只手の中の玉の如し　深窓とて奥深き所で養育
せられ　錦帳とて玉の錦の中で育て上げ　早や年も十
三歳に重ねてから　私もあざむくと云ふうるはしい如是
姫なら　月蓋長者は益々我が子の愛におぼれ
自分の姫の云ふ事なれば千金をついやすと云へども　塵《ちり》芥《あくた》の
如く思ひけれども　生得貪欲深くして　人の為に出すこと
なれば　口より舌を出すのもいや　袖より手を出すのもいやと云ふ
様な　慳貪邪見の月蓋長者なら　殊に佛法僧の
三宝とて佛様やら法やら法を取り次ぐ出家やら　現に釈

No. 5

迦牟尼如来様が大林精舎に於て御説法ましますと云
へども　お詣りをすると云ふ様な事は　暁の夢にも知ら
ぬと云ふ月蓋長者なら　五百人の長者及び下萬民・
民お百性に至る迄も　血にそまれば赤くなるの道理で
皆慳貪邪見の者が　多かつたと云ふ事であります
さて　釈迦牟尼如来様は天眼通力、他人通力で御
覧なされたならば　さて此の天眼通力と云ふ通力は
如何なる通力かと伺へば　三千世界は広しと云へども
ひとめに見えると云ふのが　これが即ち天眼通力の法と
あります。　又他人通力と云ふ通力は　如何なる通力
かと伺へば　人の心のどんぞこまでが　鏡にかけた物を見
るが如くに　明かに見えると云ふのが　これが即ち他人通
力の法とあります。　釈迦牟尼如来様は　今此の天
眼通力、他人通力で御覧なされたならば　月蓋長者
はこのまゝ捨ておいた事なれば未来は従苦入苦従
冥入冥と暗から暗へさまようは必定なり　未来は火
柱かゝえて　無量億劫泣きあかさねばならんのが　ふび

No. 6

んやなアーと　今は慈悲の方便をめぐらして
智慧第一の舎利弗尊者を腰元へ呼ばれ　舎利弗
ヤアー　舎利弗ヤア　汝是より月蓋長者の樓門
にたゝずみ　おりよかつた事なれば教化をとらせよと
仰せありければ　舎利弗尊者は如来様の勅命
をこうむつて　月蓋長者の樓門にお立たずみ遊さ
れた　これを眺めた月蓋長者は　アー在家に物をほどこ
したならば　此の功は有難うと云ふかなれど　出家に物を
ほどこしたとて一口の御礼も云はず　其の様な者に物をほど
こしたとて無益なりとて　御断り遊されたなら　如何に
智慧第一の舎利弗尊者と云へども　手をむなしうして
釈迦牟尼如来様のおひざもとに御帰り遊して　其の由
を御話し申し上ぐれば　釈迦牟尼如来様には　汝長者に
因縁うすき事ならん　されば此度は憍梵波提尊
者とさしかはつて参らるべしと　第二番目に憍梵波提
尊者と云ふ御弟子が　如来様の勅命をこうむつて
月蓋長者の樓門に御立たずみ遊された

No. 7

これを眺めた月蓋長者は　御供養致したらとは思
へども　先立の御弟子が御断り遊されたら　さぞや
御腹立ましまさん　先づ此度も御断りするにしくは
あるまいと御断り遊ばされたら　如何に憍梵波提尊
者と云へども手をむなしうして　釈迦牟尼如来様のおひざ
もとに御帰り遊ばして　其の由を申し上ぐれば　釈迦牟
尼如来様には御聞こして召して　汝も長者に因縁う
すき事ならん　されば此度は羅睺羅尊者とさし
かわつて参らるべしと　第三番目に羅睺羅尊者
と云ふ御弟子が　如来様の勅命をこうむつて月蓋
長者の樓門に御立たずみ遊された　これを眺めた月
蓋長者はアー　この御方はもとを尋ねたら　釈迦牟尼
如来様が未だ出家ましまさん　悉達太子の時の御子に
ましまして　浄飯大王の御孫にあたらせられる一天万上
の御君に進ませられる御位にましまして　いやしくも衆生
済度の為に御越し遊されたか　されば此度は御供養
申上げんものと思へども　つくづく考へていやいや　そうぢや

ない。先ほの二人の御弟子が御聞き遊ばされたら さぞや
御腹立ましませう。先づ此度こそ御断りするにしく
はあるまいと 又々御断り遊ばされたら如何に羅睺羅
尊者と云へども 手をむなしうして 如来様のおひざ
もとに御帰り遊ばして 其の由を申し上ぐれば如来様
には御聞こし召して 慈悲の涙にむせばせられ
然らば我れ自ら立ち出でて 済度せんものと 第四番
目に釈迦牟尼如来様が 阿難、羅睺羅の
二人を引きつれ 菩薩羅漢に囲繞ーせられて
詞「此処では御絵様の事でありますので 阿難、羅睺羅
の二人に略してありますが まだほんとうは霊山の菩薩様
や羅漢様とかと云ふ様なお偉い御方が 後につき
そうて御越し遊ばされたのでありますが 御絵様の事で
余り霊山は書けないので 略してあります」
声をサ大きく
節「先づ月蓋長者の楼門に御立たずみ遊ばされた
有様は 青蓮の御まなじりよりは 慈悲の相を
あらはし 頻伽の御唇よりは 妙なる御声をあげさせ

られ 月蓋く と御呼び遊ばされると 不思
議なるかなや 玉の御殿の奥深い月蓋長者には
耳をつんざく様に聞こえたとあります この声
を聞いた月蓋長者はアー このたびは釈迦牟
尼如来様が直々御越し遊ばされたか されば この
たびは御供養申し上げんものと 今は瑠璃の鉢の
其の中へ一ぱいの御飯を盛り立て 門前近く持
ち出でしが 此の時 釈迦牟尼如来様には眉
見の白光より光明かくやくと御照し遊ばされたら不
思議なるかなや 一ぱいの盛り立てた御飯は 水晶
盛り立てた様にうるはしう見えたとあります 月
蓋長者はこれを見てアー こんなよいものを供養
してはあいならん。此の度ばかりなればよかれども
此の味はいを見て 度々御越し遊ばされたら 例へ
天下無双並びのない大長者と云はれ 宝は山の
如くつみかさねたりと云へど 段々く 宝がへって
しまひには首に袋をかけ乞食非人とおちぶれる

は道理なり 先づ初めが大事 御断りするにしくはあ
るまいと 又々御断り遊ばされたら 如何に三世了眼
の釈迦牟尼如来様と云へども 縁なき衆生は
度し難しとて 月蓋長者の楼門を後にして
今は御帰り遊ばさんと云ふ其の時に 此れは月蓋
長者に使へて居た一人の下女あり(御絵を示す) 此の下女
がなげりて申す様には。アー我が御主人は天下に並
びのない大長者と云はれ 宝は山の如くつみかさねたりと
云へども わづか一ぱいの御飯が御供養出来ないとは
なさけない。我れは下女の身分なれば 何一つとしてたく
はへなし せめての事に此の五体にまとひし衣服なりと
もぬぎすてゝ御供養申し上げんものと思へども つくづく
考へてこの米のかしみづは 元を尋ねたら御主人様の
ものである。御主人様のものと云へども捨ててしまへば我
がものも同様である。我がものも同様なれば 如来
様はおいしいものでもまづいものでも差別のないのが如
来様の御心なり 如来様が直々こゝえ御越し

遊ばしたに就いては 定めてきかつと云ふて お腹がすいた
で御座いませう 先づこの米のかしみづなりとも御
供養申上げて 一先づ空腹をしのぎ奉らんとて
御供養申上ぐれば 如来様には 其の米のかしみ
ずをおしいたゞきく 三度迄もおしいた
ゞかれたと云ふ事であります。 さて如来様には其の
米のかしみづの御供養を受けされ それを大林精舎に
もち帰られて 千二百人五十人の大阿羅漢 二萬
の大菩薩及四衆天龍八部 人非人等にたちは
って御供養をなされたならば 霧のすがたに似た
れども』詞「味はいはと云ふたなれば甘露の如く お腹
は充分たふくれたとあります。 これが昔から申します
長者の萬燈より貧の一燈の同理で 如来様
は其の慈悲の真心を汲かれたのであります お互
ひくがこれは善光寺如来様の御一代記の御讃
じぢや あれは月蓋長者の御話しぢやと よそ
ごとに聴聞致して居りましては 切角御恥しい

所御参拝下さいましても何んの所詮もないと云ふものお互ひ〳〵が自分の心と相談さして頂いて日々夜々の日暮しがはづかしい生活をして居らなかつたかとはんせいの御氣持ち御聴聞して頂きたい事であります」

暫く音声をやすめて次き席で御取次致します

第壹席終り

第弐席

詞「前席でおわかれ申上げました處が大聖世尊釈迦牟尼如来様が月蓋長者につかわれて居た所の一人の下女より未のかしみずの御供養を受けさせられそれを大林精舎にもちかへられて千二百五十人の大阿羅漢二萬の大菩薩及四衆天龍八部人非人等にちはつて御供養をなされたならば雲霧のすがたにも似たれども味はいはと云ふたなれば甘露の如くお腹は充分にふくれたと云ふ　これが昔から申します長者の萬燈より貧の一燈の同理で如来様は其の慈悲の眞心を頂かれたと云ふ所で御別れ申上ました。

かくて毘舎離国中の人々は月蓋長者にみならひて益々心が慳貪邪見となり邪氣虚に乗じて入るならひにて遂にもろ〳〵の悪鬼邪神がみだれこんで来たのであります其の中に五つの夜叉があり訖《キ》婆《ド》迦《ギャ》羅《ラ》摩《マ》と云ふ顔の黒い事墨の如く五つの眼あり鉤《ギャ》の如き牙があつて人々

の精氣を吸とあります此の訖《キ》婆《ド》迦《ギャ》羅《ラ》摩《マ》は通力自在で虚空を飛びあるき一とたび息をふきかけられたり吸はれたり致したならば五種の温病となるとあります」

節「さて此の五種の温病と云ふ病氣は、如何なる病氣かとうかがひますれば先づ第一番に眼よりうみちが流れ、第二番に耳よりは耳だれが流れ、第三番に鼻よりは鼻血が流れ、第四番に舌はすくんで声いでず、のんどへとほす物はしぶようもさきしんで通らんとある。第五番に五体は海老《エビ》の様にまがつてしまつて、熱はもえたつ様な熱がして、ヒイ〳〵〳〵と泣きさけぶ其の声は、山もくずるゝと云ふ恐しい有様、此の恐しい五種の温病にかゝり死する人は巷にあふれ、或は子に別れ妻にはなれ、或は父母兄弟をうしなひて、泣き叫ぶ其の声は野山にひゞき、昨日は他人の葬式よ今日は我が身の上となる、あはれはかなき有様は云はんかたなし、月蓋長者このよしをきゝておほきに恐れ、このたびの悪病は悪鬼邪神がみだれこんで人々をなやますことなれば、先づ館のぐるりをまもれよ

と、家来の者に劔《ツルギ》鋒《ホコ》をもたせ、十重《トエ》二十重《ハタエ》とげんじゆうに守らせるかなれど、其の家来の者が五種の温病となり、病み臥す事[illegible]ながら風にのべふす草の如く、一人として、助かる者なし。通力自在の悪鬼邪神の事なれば、遂に瑠璃《ルリ》のすだれの奥深く養育する如是姫も五種の温病となつたら見るかげもない。如是姫ことし十三歳、春の花に露をふくみ青柳に風になびく如く、云ふに云はれぬと云ふ美人なれども、かの悪鬼邪神がひとたび毒氣を吹きかけくれば、忽ち五種の温病となり、眼よりうみちが流れ、耳よりは耳だれが流れ、鼻よりは鼻血が流れ、舌はすくんで声いでず、のんどへ通す物は滋ようもさきしんで通らんとある。五体は海老の様にまがつてしまつて、熱はもえたつ様な熱がして泣きさけぶ有様に、月蓋長者は医者よ薬よ療治《リョウジ》よと、祈念祈祷《キトウ》は至されても更に其のこうのうもなく、如是姫のもだえ苦しむ有様は、目もあてられぬ程に、最後に耆婆大臣と云ふ名医を王舎城より向へ来たつて、しんさつを乞ひ薬を盛《もつて》て頂くと云へども、更に其のこうのうもなく、遂に耆婆大臣さじ

No. 16

きなげて申す様には、此の病氣は身体から出たる病氣では御座いません、心が慳貪邪見故出たる所の病氣なら、私では治す事は出来ません。と流石が耆婆大臣も今は毘舎城へ御帰り遊されたなら、月蓋長者は如何に我が可愛い娘と云へども、みす〱見殺しにするより是非に及ばんと後悔のなみだにかきくれしに、如是姫の病氣は昨日よりは今日、朝よりは夕べと弱り行き、命はさながら風前のともしびとなる有様に、五百人の長者が声を揃へて申す様には、姫君の病はこれまで種々に心を盡し給へども、医薬も神力も其の功なし、この上は手をこまぬいて終りを見んよりは、大聖世尊釈迦大林精舎に於て御説法ましますの所の大聖世尊釈迦牟尼如来様は、一切衆生の苦悪を救ひ給ふよし、早く大林精舎へ御参拝遊され御願ひ致されよと進められても月蓋長者は答へもせず黙然《もくねん》として居たが、早や其の間にも如是姫の容体はやゝ衰へ、命はあやふくみえければ、五百人の長者又々声を揃へて進めしに、やつとくの事で其の時涙を拭つて月蓋長者申す様には五百人の長者よう聞いて下さいませ、何を申上げるにも先ず第一番には智慧第一の舎利弗

No. 17

尊者、第二番目には憍梵波提尊者、第三番目には羅睺羅尊者、第四番目に釈迦牟尼如来様が直々御越し遊されても、わづか米一つぶたりとも御供養申上げた事が御座いません、今更我が娘が可愛いとて何人の面目があってお釈迦様を初め御弟子達に顔を合せられませう、ごすいりよう下されと、又々後悔の涙にかきくれしに又々五百人の長者が声を揃へて申す様には、月蓋長者そういふものではない、我々人間こそうらみにくしと云ふ事はあれど、佛はもとより慈悲を心とし給ふ故に如何につれなくあたっても、反って其の人をあはれみ給ひ罪のある者も無い者も一人子の如くおぼし召す由受賜り居れば、これ迄の悪いと云ふ事はがいけ懺悔して、おわびを致したならば見捨て給はんのが如来様の御心なり、早く御出で遊されと進められて月蓋長者はよう〱の事で年は六十三才にして花の車に打ち乗って白き象に引かせ、観世長者、耆養長者、留志長者、萬歳長者五百人の長者従へて、初めて大林精舎の御説法の道場へ御参拝遊されたが、先ず退凡下乗の界にて車をとゞめ、合掌恭敬して歩み行く

No. 18

に、何んとなく我が心よりしきの高きを覚え、慚愧懺悔の涙にむせび、身体にひや汗を流して、やうやく如来様の御前へ詣でて、合掌禮拝して申しける様には、此の頃我が毘舎利國に大悪病がはやり、死する者数知らず、天下の名医者耆婆大臣と云へども手をつくす事能はず、其の中に我が娘年は十三才の如是と云ふ者これ又此の悪病にかゝり、命はさながら風前のともしび草の上の朝の露よりも尚危く、乞い願くば如来平等の御慈悲を以って、我が國の五種温病すくはせ給へと御願ひ申上ぐれば、如来様には月蓋長者に告げ給はく、此の度の悪病になやむ者は前世より受けたる所の業報なれば、我が力にては救ふ事は出来んぞよと御断り遊されたが、此れを聞いた月蓋長者は気はきようらんの如く気違ひの如く、釈迦牟尼如来様の御前をもはばからず五体をどっとうちなげて、正体もなかったとあるが、やゝ暫くあって釈迦牟尼如来様には、月蓋長者の心を打ちなだめ、月蓋長者何も心配致するな案ずるな、此れに一つの方便があるぞよ、阿弥陀経と云ふ御経

No. 19

様の其の中には、此れより西方十萬億の佛土を過ぎて世界あり、名付けて極楽と云ふ、其の土に佛ましまして阿弥陀と申し奉る、此の阿弥陀如来様は慈悲圓満なる御方なれば、汝これより館に立ち帰り、香華燈明供養して、手を洗ふて口をそゝぎ、西に向って南無阿弥陀佛と一心専念して御六字様唱へたならば、極楽世界より阿弥陀如来様が御来臨ましますぞよ、其の御光明の御照しに依って如何に死人は山の如くつみかさねたりと云へども一人のこらずよみず帰りを致し、病んで居る所の病人は、立ちどころに全快致するぞようーと教へられ、月蓋長者飛び立つ思ひをなして我が館に立ち帰り、香華燈明供養して、手を洗ふて口をそゝぎ、西に向って南無阿弥陀佛と御六字様を唱へたならば、其の御六字様の終るや終らんに、極楽世界より阿弥陀如来様が月蓋長者の棟門に二晝夜の間御現れ遊されたのであります。先ず眞中に御立ち遊されたのが阿弥陀如来様向って

No. 20

一磔手半《イッタクシュハン》
一磔手は曲尺の八寸余り半は四寸余り合して一尺二寸とす。
磔は手を開き中指の末と大指の末にて寸法を取りしものならん。

右に御立ち遊ばされたのが観音菩薩様、向って左に御立ち遊ばされたのが勢至菩薩様、御光はと云へば舟御光と云はゆる一光三尊阿弥陀如来様おすがたとなって御現れ遊ばされたのであります。観無量寿経と云ふ御経様の其の中には極楽世界の阿弥陀如来様の御背の御高さを六十萬億那由他恒河沙由旬と云ふて非常に高い御背に説いてある。所が此処に御現れ下された一光三尊阿弥陀如来様の御背は、そんな六十萬億那由他恒河沙由旬と云ふ様な高い御背では無くして一磔手半の背丈にちゞまって御現れ下されたのであります。一磔とは手を開き拇指の末と中指の末と此の間を云ふ此處迄が一磔もう半分つめたしたものが一磔手半物指しにあてゝみますれば、ようようの事で曲尺の一尺二寸ばかりとあります。即ち末世相應のすがたとなって御現れ下されたのであります。右の御手は施無畏の印左の御手は刀剱の印観音勢至の二菩薩は共に梵篋の印を結ばせ給ひ一光の中に三尊の御姿を現して月蓋長者の樺門に御来臨ましましたのであります。刀剱施無畏の印は抜苦與

No. 21

樂を表示されたもので梵篋は悪魔降伏を表示されたものであります。又御三尊佛の蓮台は蓮の實《み》の上に御立ち遊ばされて居ります。一般の佛様は八葉の蓮華と云ふて蓮の蕾開した上に御立ち遊ばされて居ります。花に例へましても花の開いて居る時は此れは即ち盛んな御世《みよ》を現したもの花びらが散ってしまって實《み》が結んだ所は此れは即ち末の世を現したもので此れから見ましても一光三尊阿弥陀如来様は確に末世の衆生救はんが為此の娑婆世界へ御現れ遊ばされた御佛であります」
節「さて此の一光三尊阿弥陀如来は大光明を放ちて、毘舎利國中を照し給へば、山泉草木に至る迄悉く金色となって照りかゞやきければ、國中に充満せる悪鬼邪神も御光《みひかり》に照されて通力を失ひ、ちりぢりに逃げ去りければ、毘舎利國中の人々は、まのあたり如来様の御光明を拝み長者の館に集り来り柳の枝と浄き水とを観音菩薩に捧げ奉れば萬死一生の如是姫を初め、一人のこらずよみず歸りを致し病んで居る所の病人は立

No. 22

龍宮世界
印度の釈迦族と云ふ如く龍族をさして云へるものならん

ち所に全快致しましたならば月蓋長者はこんな尊い御佛をどうかして此の土に止め奉りたいと二度び大林精舎の御説法の道場へ御参拝遊ばされ釈迦牟尼如来様に御願ひを遊ばされた」
詞「其処に於て釈迦牟尼如来様が神通第一の目連尊者を龍宮世界へ使ひを使はして閻浮檀金と云ふ宝物を御取りよせ遊ばされ寸分たがはぬ如来様をいうつす事に相成るのでありますが余り長くなりますので此処でちよつと一服致しまして次席で御取次を致します」

No. 23

閻浮檀金
勝金とて色赤黄にして紫の光りを出すとある

第参席

詞「さて前席でお別れ申上げた處が月蓋長者が我が館に立ち帰り香華燈明供養して手を洗ひて口をそゝぎ西に向って南無阿弥陀佛と御六字様を唱へたならば極楽世界より御三尊佛様が末世相應の姿となって御現れ遊ばされ其の御光明の御照しに依って毘舎利國中の人々は一人残らず、よみがへりを致し病んで居る所の病人は立ち處に全快致しましたならば月蓋長者はこんな尊い御佛をどうかして此の土に止め奉りたいと二度大林精舎の御説法の道場へ御参拝遊ばされ釈迦牟尼如来様に御願ひ事致された所で御別れ申上げました」
節「此れを聞かれた釈迦牟尼如来様は、其れでは閻浮檀金と云ふ宝でうつすが好かろうぞよと仰せ遊ばされた、此れを聞いた月蓋長者はされば御座ります。私は天下に並《なら》びのない大長者と云はれ宝は山の如くつみかさねたりと云へども

No. 24

閻浮檀金と云ふ宝ばかりは人間世界にない宝なら如何
致したならば宜敷う御座いますかとおなげき致すれば釈
迦牟尼如来は月蓋長者何も心配致するな安ずるな我
が弟子の通力第一の目連尊者を龍宮世界へ
使はして閻浮檀金を取りよしてやる程に心配致するなよう一
の御勅命。早や目連尊者は如来様の勅命をこうむって
まのあたり龍宮世界へ御越し遊ばされ娑伽龍王に御面会遊ばされ勅
命の次第を申上ぐれば娑伽龍王答へて曰く娑婆世界の
人間は、くわ・かまを持って田畑を耕作致して露命と云ふて
命つなぎを致さるゝが龍宮世界は海底とて海の底の事
なれば田畑を耕作する事は出来難なりで、せめての事に閻
浮檀金と云ふ宝の徳を以って命つなぎを致して居りまする
命つなぎの第一等の宝なら外の世界へ持ち出す事の
出来ない宝なれどもこのたびばかりは釈迦牟尼如来様の
勅命と云ひ殊に極楽世界の阿弥陀如来様をいう
つし奉ると云ふ事は無量億劫にもあひがたなりて、このた
びばかりは御備へ申上げ奉るとて第三重の塔に近づかれ先

No. 25

づ一番上の塔には釈迦牟尼如来様の御経様がこめさせ
られてまします。一つ下がって第二重の塔には過去七佛の
御舎利がこめさせられてまします。一番下の第三重の塔
には閻浮檀金と云ふ宝物がこめさせられてましますが此の
閻浮檀金若干を娑伽羅龍王自ら取り出し目連
尊者に御渡し申し上ぐれば目連尊者其れを持ち受
けまのあたり釈迦牟尼如来様の御前へ御帰り
遊して釈迦牟尼如来様に御渡し申し上ぐれば釈
迦牟尼如来様は其れを月蓋長者に御授け遊ばさ
れ月蓋長者其れを持ち受け我が館にたちかへり
釈迦牟尼如来様を御招待申し上げ奉り釈
迦牟尼如来様は又極楽世界の阿弥陀如来
様を御招待申し上げ奉った」
詞「此處では又御絵様の事もありますので極楽世界の
阿弥陀如来様を天人と四天王が御守り致されて居る図
が書いてありますが御絵様の事でありますので略してあり
ます。」

No. 26

節「先づ毘沙門天の四天王は御身には小金の鎧《よろひ》を着し
三千等のほこをおつゑにつき、三十六部の神王、萬億恒沙の善
鬼神、難陀、跋難陀の八大龍王は共に如来をいにようし奉り
欲界色界の天人は花を散らし乾闥婆王は管絃を奏じ
奉り天地の神々は一時に《より》集まって今や護念と云ふて御護りを直
されると云ふ有様かくて釈迦牟尼如来様は暫く地をはなれて空
にお上りましませば月蓋長者閻浮檀金若干を釈迦弥陀二
尊の中央とて真中の處に御供へ申上ぐれば釈迦弥陀二尊は
共に眉見の白光より光明かくやくと御照らし遊ばされたなら不
思議なるかなや閻浮檀金若干は自然天然と湯とふき
あがり自然天然と出来上らせられたがとりもなほさず信州は
信濃国善光寺の御本尊一光三尊の阿弥陀如来様
におはしますのであります」
詞「信州の善光寺の御本堂に御安置し奉る所の御本尊一
光三尊阿弥陀如来様は其の昔印度に於かせられて御
釈迦様と極楽世界の阿弥陀如来様との御光明と
御光明の御照し一に依って閻浮檀金と云ふ宝物が自

No. 27

然天然と湯とふきあがり自然天然と出来させられた御
佛であります。まして其の御佛が印度から支那、支
那から朝鮮、朝鮮から日本と三国傳来と云い
て傳はって来た尊い御佛であります」
節「かくて極楽世界の阿弥陀如来様がひたいを三度
おなせ遊ばされたら早や生が入らせられたとあります。生が入らせ
られたと思ひしに新佛が本佛に向はせられて三拝とて
立ったりかゞんだりして三度御礼をとげられたとあります」
詞「こう御話しを申し上げますと
さて二体とも五色の雲にうちのらせられて空に御上りましまさ
ば月蓋長者声をはりあげて申す様には極楽世界の
阿弥陀如来は極楽世界へ御帰りましますかは
道理かなれど、このたび出来させられた御佛は我れ生
れかわり死にかわり御給仕申上たうとて出来させら
れた御佛なら何故あって御帰りましますかと声を
はりあげて申しなば此の時五色の雲のたえまより、み
みょうの御声をあげさせられ月蓋長者何も心配

致するな安ずるな我極樂世界の阿弥陀如来を
極樂世界へ送り届け我れ二度び此の土にたちか
へり汝と共に衆生濟度致するぞよう――の御言葉
月蓋長者うち喜び裏方に当って寺道場をきづいて
詞「御待ち申上げるその程に極樂世界より阿弥陀如来
様が御帰りましまさば此の時より月蓋長者生れかわり
死にかわり御給仕申上ましたる年数が天竺に於ては
千四百有余年の間で其の後如来様は虚空
をとんで朝鮮は百済の国へ御渡り遊ばされた此処
に御とどまり遊ばしたる年数が百有余年其の
当時の御太子様は聖明王非常に佛法は盛んな
御世ではありましたが或る日の事如来様よりの勅
命があり我れ此の土に於て衆生濟度する因縁
がつきた程に我れを守りて東の国である所の日本の
国へ送り届けてくれ――の勅命。百済国聖明王
も佛法は盛んな御世とは云い殊に如来様に御別
れ申すと云ふ事は生木もさかるゝ様には思ひ

すかなれど佛勅をそむくと云ふ事は出来難な
いと云ふので泣きの涙で箱・天蓋・みすしもおこ
らへ遊ばされ日本の国へ送り届ける所の宝の御舟も
おこしらへ遊ばされ、さて用意も出来た其の程に百済の
国は百司百官下萬民、民お百姓に至るまで御見
送り申すと云ふ其の時百済の国の人々は如来様
に御別れ申すと云ふ事が非常におしう思ひして
舟のともずなにしつかりとまつて舟をつきいだそうと、なさ
れん故如来様には百済の国の人々にかたみとし
て一つの偈文を御授け遊ばされた其の偈文が
節「娑婆會者定離苦。早く此土を厭ふて出
離を求めよ。西方常住不退の樂あり。我れを慕ふ
てくれるなら南無阿弥陀佛の功徳の広大なる
事を忘れて来れるなよう――の御勅命」
詞「此れは偈文でありまして此のままでは皆様方も
御解りにくいと存じますので今一度解りやすい様
に御話し申上ます」

節「娑婆世界はういてんぺんと云ふて一度會ふたものは
別れると云ふ悲しみがあるぞよ。親に別れて悲しむ者
もありや妻を夫をうしのうて悲しむ者もありや又可愛い我
が子にさきだたれ悲しむ者もありや又親の代には何処
そこの財産家と名ざされた人も、世がわりの代となって
は居る場もないとうつり変るが世の中の有様であるぞ
よ。極樂世界は常住とて少しも変りがないのが極
樂世界であるぞよ。我を慕ふてくれるなら南無阿
弥陀佛の功徳の広大なる事を忘れてくれるなよ
うの御勅命」
詞「南無阿弥陀佛は功徳広大でありますが字
に書けばたった六字。此の六字の中には功徳広大
なるおいはれがあるのでありますが余り長くなりますす
のでちよつと一服して又次席で御取次申上ます」

第四席

詞「前席で御絵の上からお別れ申上げました所が
百済の国の人々が如来様にお別れ申すと云ふ事
が非常におしう思召して舟のともずなにしつかり
とまつて舟をつきいだそうとなされん故に如来様には
百済の国の人々に形見として一つの偈文をお授け
遊ばされた其の偈文が」
節「娑婆会者定離苦。早く此の土を厭ふて出離
を求めよ。西方常住不退の樂あり。我を慕ふて
くれるなら、南無阿弥陀佛の功徳広大なる事
を忘れてくれるなよう――」詞「の御勅命で此れは偈
文でありますので最う一度解りやすい様に御話し致
しますと」節「娑婆世界はういてんぺんと云ふて一度
び會ふたものは別れると云ふ悲しみがあるぞよ。親に別れ
て悲しむ人もありや又可愛い我が子をうしなうて
悲しむ人もありや又親の代には何処そこの財産家

No. 32

と名ざされた人のせがれの代となつては居る場はない
とうつりかわるが世の中の有様であるぞよ極楽
世界は常住とて少しも変りがないのが極楽世
界であるぞよ我れを慕ふてくれるなら南無阿弥
陀仏の功徳の広大なる事を忘れてくれるなよう
お御勅命であります」
詞「百済の国の人々は其の偉大なうれしさのあまり舟をは
なさば舟は海上に浮ぶでおもむろ順風にして宝の御舟《ミフネ》
は日ならずして我が日本は攝津の国難波の浦
に御着き遊ばされた其の時がいつの頃であつたかと
申しますと人皇は三十代欽明天皇が御位《ミクライ》にお
つき遊ばされてより十三年目壬申十月十三日で其の
当時の宮中は大和の国は磯城《シキ》の上郡磯島金刺の宮
と申して居りました。
さて此の欽明天皇様の御殿へ一光三尊佛と経論若干
と其れに一つの御文をそへて献上したのであります其の御文が
節「是の法は諸法の中に於て最も殊勝なりとす解し難く入り

No. 33

難くして周公孔子も尚知る事能ず此の法は能く無量無
辺福徳の果報を生ず乃至無上菩提を成弁す。たとへば
人の随意の宝をいだき用ふる所をおもうてことごく心にし
たがうが如し此の妙なる法宝も亦復然なりもとめ
願ふ事心にしたがひえしきところなし夫れ且つ遠く天竺よ
りこゝに三韓におよぶ教に依りて奉持し尊敬せずと云ふ
事なし是によりて百済の国王臣明謹んで陪臣《バイシン》の怒喇《ヌリ》・
斯致をつかはして帝《ミカド》の国へ傳へ奉る畿内《キナイ》に流通したまへ
果して佛の記し給ふ所我が法東につたうし」詞とこれ
だけしたゝめてあつたのであります。

5 善光寺信仰と絵解きを理解するために

善光寺信仰の特徴

・一宗一派に属さない
・老若男女、貴賤とわず参拝可能
・極楽往生（御印文《ごいんもん》　お血脈《けちみゃく》　戒壇巡《かいだんめぐ》り）
・現世利益《げんぜりやく》
・女人救済

一、信州善光寺とは

長野県長野市にある善光寺は、山号を「定額山」と号する。宗派は単立寺院で、天台宗（大勧進《だいかんじん》）と浄土宗（大本願《だいほんがん》）の別格本山で、両派が合同で善光寺寺務局として管理運営している。

現在の本堂は、江戸時代中期の宝永四（一七〇七）年に再建されたもので、国宝指定を受けている。間口二十四メートル、高さ三十メートル、奥行五十四メートルの撞木造り（屋根の棟がアルファベットのTの字形・撞木《しゅもく》の形）と呼ばれている。

境内には、本堂（戒壇巡り）・本坊大勧進・本坊大本願・山門・経蔵・鐘楼・仁王門・忠霊殿（史料館）・雲上殿がある。

成立は、境内より出土した古瓦が白鳳期のものであるところから、この時代には既に存在していたと知られる。「善光寺縁起」によれば、皇極天皇元（六四二）年とされている。

二、善光寺仏（善光寺式阿弥陀三尊像）

本尊は善光寺仏（秘仏）と称され、孝徳天皇白雉《はくち》五（六五四）年に伝来され、インドから朝鮮を経て日本に伝わったので、「三国伝来の仏様」として親しまれている。また「生身《しょうじん》の弥陀《みだ》」として、聖徳太子と書簡のやりとりを行ったと言われている。

さらに日本仏教初伝の仏であり、『日本書紀』によると、欽明天皇十三（五五二）年十月条に記述が見られる。

そもそも出現由来は、雑密経典『請観世音菩薩消伏毒害陀羅尼呪経』に見られ、当該箇所を要約すると、次のようになる。

毘舎離国菴羅樹園の大林精舎において世尊（釈迦）が阿羅漢に教えを説いていた頃、同国の人々が大疫病に遭い、大城の中の月蓋長者が世尊に人々の救済を請うと、世尊の仏力により西方より無量寿仏と観音・勢至の二菩薩が出現して、長者は三宝に帰依し救済を願うと、仏・二菩薩は毘舎離国に至り、衆生を大光明に照らした。その際、人々は楊枝と浄水を具して仏・菩薩に授与すると、仏呪を説き、その呪力により衆生は救われた。衆生は授けられた『請観世音菩薩消伏毒害陀羅尼呪経』を誦持し、観音の名号を念ずる者は、罪障消滅し、苦厄を免れ、仏が現れる、と説かれた。

前立《まえだ》ち本尊の中尊は阿弥陀仏で、その両脇侍に観音菩薩と勢至菩薩を従えた鎌倉時代の作である。三体は一つの船形光背に配し、臼《うす》形蓮台に安置されている。中尊は通肩の衣を纏い、右手を施無畏印、左手は垂下して第二第三指を伸ばす刀印、脇侍は八角形の宝冠をいただき、両手を胸前で合わせる梵篋印となっている。

現存最古の善光寺仏は、建久六（一一九五）年山梨県甲府市・甲斐善光寺の御本尊である。

御開帳は、近代以降は七年に一度の盛儀として前立ち本尊御開帳がなされ、平成二十七（二〇一五）年四月五日から五月三十一日にかけて行われた御開帳では、参拝者数七〇七万人に及んだ。

三、善光寺縁起（略縁起等含む）約八十種

仏教伝来については、『日本書紀』欽明天皇十三（五五二）年十月条に、

冬十月二、百済ノ聖明王、更ノ名ハ聖王。遣シテ二西部姫氏達率怒唎斯到契等ヲ一、献ル二釈迦仏ノ金銅像一躯・幡蓋若干・経論若干巻ヲ一。

の如く記述されている。

現存最古の善光寺縁起は、阿闍梨皇円（?〜一一六九）撰述『扶桑略記』第三　欽明天皇十三年十月条に見られる。

完本縁起としては、寛文八（一六六八）年刊の漢字仮名交りの『善光寺如来縁起』がある。

善光寺縁起を見聞した記録は、『看聞御記』（後崇光院貞成親王の日記）の永享五（一四三三）年六月二十日条の「自内裏新善光寺絵三巻また被下」をはじめ、永享八（一四三六）年五月十九日条、同年五月二十日条・嘉吉三（一四四三）年四月八日

条や、『実隆公記』（三条西実隆の日記）文明七（一四七五）年七月十七日条・同七月十八日条・同七月二十八日条・文明八（一四七六）年三月二十九日条・同年五月二十二日条の各条、『大乗院寺社雑事記』明応六（一四九七）年二月二十一日条に散見する。

四、善光寺の絵解き

○信州善光寺での絵解き

(1)本坊大勧進では、昭和五〇（一九七五）年代まで絵伝場と呼ばれる場所があり、団体参拝の折や講中らの法要の待ち時間などに絵解きが行われていた。その担い手は役僧であった。近年、絵解きが復活し、お十夜《じゅうや》などの行事の際に絵解きが行われている。

　天保七（一八三六）年作の絹本著色『一光三尊東漸縁起図絵』二幅が現存する。

(2)淵之坊（浄土宗）については、江戸時代に書かれた岩下桜園撰『芋井三宝記』に次のような記述が見られる。

　今の中衆淵之坊の堂を縁起堂といふ、別当本孝法印より給はりし縁起堂の三字の題額は、さいつころ焼失とかいへり、絵縁起あり、元禄中はじめて江戸開帳のをりは、此縁起を講談のよしにて聞えあげてみゆるしありしとなん、

　因みに淵之坊には、南北朝以降作成の「善光寺如来絵伝」をはじめ、数組の絵伝が現存し、今も求められれば、絵解きしている。

　長尾無墨編『善光寺繁盛記』初編「図絵説《ヲエトキ》」の項には、「様々な人々が集う場で、幸平先生と呼ばれる僧侶でない人物が、鞭を手にして、仏縁あってこの仏都に生まれ、経も読まず、漢字も知らないが、幼い頃より高僧の説教を聞いて如来の一代記をおぼえた。それを口は不便ではあるが、結縁のため、その絵解きを行った」旨の記述が見られる。

(3)出開帳時における絵解きに関する記録

　元禄五（一六九二）年江戸出開帳。出開帳許可願によると、「絵縁起講談仕」とある。

　また、安永九（一七八〇）年和光寺による江戸の青山善光寺出開帳の際には、「縁起僧」が開帳行事に出仕しているが、おそらく「縁起僧」とは「絵解き僧」だと考えられる。

　さらに、元文五（一七四〇）年三月の江戸回向院での信州善光寺出開帳には、先に行われた開帳時に、他の霊仏と共に「如来絵縁起」を安置したこと、今回の開帳時にも先例に従い、安置するとの記述が、『元文江戸開帳公辺願書等留記　乾』に見られる。

五、祖父江善光寺（善光寺東海別院）について

愛知県稲沢市祖父江町に位置し、正式には「双蓮山善光寺」と称する。宗派は単立（成立当初は、西山浄土宗）である。

本堂は大正八（一九一九）年に起工し、昭和六（一九三一）年御入仏式を行ない、同九（一九三二）年には戒壇開き、同二十六（一九五一）年落慶を実施、平成二十（二〇〇八）年屋根改修落慶法要を営んだ。本堂の規模は、間口十八メートル、高さ二十メートル、奥行二十九メートルで、信州善光寺と同じ「撞木造り」である。境内の建造物としては、本堂（立体曼荼羅の戒壇巡り）の他、本坊根福寺・鐘楼・茶所・善光寺会館がある。

成立縁起は、次の通りである。明治四十二・四十三（一九〇九・一〇）年と二年続けて蓮田（現在の境内地）に一本の茎から二つの花をつける双頭蓮が咲いた奇瑞により、翌年開基旭住上人が蓮田を埋め立て、仮堂宇を建立し、信州善光寺本坊大勧進よりご分身の仏様を勧請、同年十一月八日に善光寺の東海地区の別院として創立された。

本尊は、函館善光寺にて霊牛牛王麿を救度した善光寺如来像だとされる。

掛幅絵は、『善光寺如来絵伝』四幅　明治末期作（絹本著色、作者不詳）、同二幅　昭和初期作（作者不詳）。これらは、版本の安政三（一八五六）年光寿院卍空撰『善光寺如来絵詞伝』挿絵をもとに作成された。

台本は、『善光寺如来絵詞伝』と題され、昭和十（一九三五）年五月筆記（未完）が現存する。これは、開基旭住上人から二世旭山師に伝承されたものである。また、この台本『善光寺如来絵詞伝』を録音したテープが残っているが、それは昭和三十二（一九五七）年に節談の語り口で収録された。

○絵解きの軌跡　本堂の建立に際し、浄財（寄付）集めと信徒の獲得を目的として、昭和初年から大戦中にかけて開基旭住上人ならびに二世旭山師は愛知・岐阜・滋賀・三重の各県を中心に、信州善光寺の縁起を「絵解き」のかたちで布教をした。その際には、各地域の世話役に予めポスターを配布しておき、「絵解き」が近々あることを予告した。また当時の「絵解き」は、世話役の民家で行われることが多く、一日六席程度語られ、二～三日の滞在に及ぶこともあった。台本に基づいて語られてはいるが、時事問題や種々のたとえをその都度取り入れ、最後は受け念仏で終わっていたという。しかし、伝承が完全でなかったため、三世敬順師に至るころには、一時「絵解き」が途絶えていた。

その途絶えていた「絵解き」を、平成十五（二〇〇三）年四月六日から五月三十一日にかけて、信州善光寺の御開帳に合わせ、当山における五十年ぶりの御開帳で復活させることが出来た。復活に際し、善光寺如来絵伝の「絵解き」を研究されている林雅彦先生の監修で台本を作成した。新しい絵解

き台本は、現代のニーズに合わせて二十分程度にまとめあげている。また、この御開帳を行う機会に新たに絹本著色の『善光寺如来絵伝』二幅を作成した。平成十六（二〇〇四）年十一月、群馬県甘楽《かんら》郡・安養院（天台宗）住職の市川祐廣師にお願いして作成して頂いた。この絵伝は、寺外での絵解きと新しい絵解き台本に対応する掛幅絵二幅仕立で、絵柄はほぼ（前記）四幅の絵伝と同じであるが、絵解きに必要な絵のみで構成されている。

六、庶民信仰になりえた背景（教化・宣揚・流布・頒布）

○全国各地に作られた新善光寺は、かつて平安時代から南北朝・室町時代には約百五十カ寺も存在した。

○全国の善光寺（全国善光寺会）

平成十四（二〇〇二）年、信州善光寺が全国の神社仏閣に対して調査を行ったところ、「善光寺」と名のつく寺院は百十九カ寺確認された。また、善光寺仏や絵伝を有する寺社を合わせると、四百にものぼる関連寺社の存在が明らかとなった。この調査を縁として、平成十五（二〇〇三）年十一月には第一回善光寺サミットが開催され、「全国善光寺会」も発足した。

○善光寺聖について

『宝物集』巻五に、

信乃国ノ善光寺ノ聖人ノ、願ノ力ニコタヱテ同ジスガタニ生レカハリテ、堂ヲ作ル事侍リケリ。（傍点引用者・以下同じ）

と記されている。

○御開帳

信州善光寺で行う御開帳を「居開帳《いがいちょう》」といい、各地の別寺で行う御開帳を「出開帳《でがいちょう》」という。また、各地を回る開帳を「回国開帳《かいこくかいちょう》」という。

中島廣足（江戸末期の国学者、歌人である肥後藩士）の『東路日記』下、天保二（一八三一）年條によれば、

四月朔日。いさゝか船の、すりする事ありて、川口にをりくもりたれど、雨もふらねば、夕つかた天王寺にまうづ。信濃国なる善光寺の御仏、こゝにてをがまれ給ふなりとて人々まゐりつれて、道もさりあへず。仏の御前は、いときら〳〵しく、講師めきたるほうし、高座にのぼりて、経よみをり。左の一間の、すだれかけたるには、かりぎぬすがたなる人々ゐなみて、さうの横笛、ふきあはせたる、いとたうとく聞ゆるに、まゐりつどひたる女どものかたを、しりめに、見おこせつゝ、よこざまに首ひねりて、いとなめげに、ふきならしたるさまどもを見るに、たふとさもさめ

ぬれば、とく立出ぬ。

と、善光寺の出開帳が大阪・天王寺で行われており、それに参る女人の群参を対象に、法師が読経をしていた、というのである。居開帳に参拝した記録としては、江戸の歌人で東本願寺門徒の妙臨尼が『都の日記』で、還暦を機に京都東本願寺へ亡き母の納骨のためと本山奉仕へ行き、参拝した後、寛政三（一七九一）年五月二十四日に善光寺へ着くと、門前の本陣藤屋に宿をとり、その足で本堂へ向かい開帳仏を参拝したとある。

物語や日記をひもとくと、女房二条『とはずがたり』巻四・正応三（一二九〇）年二月條の善光寺参詣を初め、『平家物語』巻十「千手前」・『大塔物語』・『岩清水物語』等に女人の善光寺参詣の記述が見られる。また、筑前の商家の主婦・小田宅子の『東路日記』寛政元（一七八九）年〜明治三（一八七〇）年には、

かるかやの寺にて、日もかたむきぬとて、善光寺にいそぐ。ほどなくかの寺の門前に着く。右のかたなる坊の内に、親鸞聖人の何とかやし給ひし処あり。夫《それ》を拝みてまた坂を登り、先、二王門を入れば、只、何となく尊し。

なにはづにあらはれまし〵み光りの蘆よりしげきよしみつの寺

や〵日もかたぶく頃、筑前の宿坊なる、法念谷の野村坊にやどる。二十七日。朝六ッ時よりみな打つれて本堂に詣て見るに、はや四十六坊あつまり玉ひて、誦経半におよべり。

けふといへばのりのをしへをしをりにて弥陀の御国のしたはる〵かな

やがて開帳といふ事はじまる。このことゞもをはりぬれば、わが家の亡霊のために供養のわざを乞ふ。その夜は、（中略）人みな、御法の声とともにあかしぬ。

きくらんとおもへばうれしなき親もなき子もなきてとなへけるなを

かく広き寺のうちに、国々の人いくらといふ数をしらず。夜も八ッといふころは、あなたこなた、声立てなくもあり。またそれをいさむるもありて、哀なり。

の如く、善光寺参籠の様子が詳述されていて、興味深い。

その他、和讃やご詠歌も伝わっている。

『信州善光寺御堂額之写』は、奉納絵馬について次のように記している。

抑《そもそも》信州善光寺御本尊ハ忝も三国でんらいの尊ぞうにて満《ま》し〱介《け》る耳《に》よりく尓《に》〱うら〱々老若男女あゆミを者《は》こひさん介《け》以《い》することミ那《な》人〵《ひとびと》の志《し》るところなり御利やく日〵《ひび》尓《に》阿《あ》ら多《た》可《か》にして信心ふ可《か》くきせいをうけ奉る人〵《ひとびと》もうもくハ目を飛《ひ》らきおしハものをいひいざりハこしを多《た》ち或ハもうじゃ如来前尓《に》す可《が》多を阿《あ》らハしく王《わ》んぎせしことどもすく那《な》可《か》ら須《ず》御《み》ゑ以《い》御《お》介《け》ちミやく等尓《に》て水尓《に》志《し》つミ《み》

しもの死可以《がい》あ可《が》りまたハもうじゃ御ゐい御介《け》ちミやくをい多ゝ《ただ》しき事など其《その》御《ご》利《り》生《しょう》越《を》蒙《こうむ》しあらましを絵馬尓《に》あら者《は》して如来前へ奉納須《す》ることかずお本《ほ》し可ゝ《かか》るふしぎの事をまの阿多《あた》り見聞せざる人々《ひとびと》につ多《た》へ天《て》現当二世の仏恩をしらしめんとて飛《ひ》なが多《た》にうつさしむるのみ

「手毬唄」にも、

一番はじめは一の宮
二は日光の東照宮
三は佐倉の宗五郎
四はまた信濃の善光寺
五つは出雲の大社
六つ村々鎮守様
七つ成田の不動さん
八つは大和の法隆寺
九つ高野の弘法さん
十で東京増上寺

と、著名な寺社が詠み込まれた中に、信濃の善光寺も含まれている。

古典落語『お血脈』には、良く知られた善光寺の「ご印文」にまつわる話がある。

(二〇一九年度　秋期　明治大学リバティアカデミー講座
絵解きの世界―あの世とこの世をつなぐ庶民信仰―
『第二回　祖父江善光寺と「善光寺如来縁起」絵解き』十月二十四日口演
レジュメより転載)

※〇一　山寺院などが配布した善光寺如来の尊容紙(お姿)
善光寺周辺のみやげもの屋で販売された善光寺に関する絵紙は、多種量産された。

6 「日本の絵解き」の諸相

明治大学名誉教授　林　雅彦

一

かつて洋の東西において、それぞれ「絵解き」と称される芸能・文芸が盛んだった時代があった。わが国もその例外ではなかったが、現在では、一部を除いては風前のともしびと化してしまった。否、絵解きあるいはその類語でさえ死語となりつつあると言っても、過言ではあるまい。

さて、宗教的カテゴリー（範疇）を有するストーリー（物語性・説話性）豊かな絵画―美術史で言うところの「説話画」、あるいは説話的絵画の内容や思想を、折々の視聴する老若男女の比率によって当意即妙に解き語る（解説・説明する）行為を、「絵解き」と称する。その絵画を口演する者（解説者・説明者）自体をも、時に「絵解き」と呼ぶことがある。

このように、元来説教・唱導を目的とする、絵画を用いた宗教的な芸能・文芸だったのである。

かかる視聴覚に訴える仏教的な内容の絵解きは、夙くにインドの地で起こり、中央アジアから中国へとシルクロードを東漸、さらに朝鮮半島を経て、わが日本に伝来し、独自の展開を繰り広げて行ったのである。

ヨーロッパの絵解きも、主としてキリスト教文化圏において育まれ流伝してきたが、それらの詳細に関しては、原聖・西岡亜紀両氏の研究に譲ることとする。

※

説話画と語り（解説・説明）とを不可欠の条件として成り立つ絵解きではあるが、絵解き個々の例に則って検証してみるならば、説話画と語りとの比重の掛け方は、想像以上に多様であり、ひとつの絵解きにおいてさえ両者の比重の掛け方は、絵解きを行うたびごとに微妙に揺れ動いている、というのが実態である。

従って、冒頭で述べた概念規定をさらに厳密に規定するならば、「絵解き」は多少なりとも物語性・説話性のある、信仰に関わった説話画の絵相を解説・説明する芸能乃至は文芸であるが、時間・場所・機会・視聴者の構成、口演者の力量等々に応じて、絵相や台本にはない、解説・説明が加えられることも屢《しばしば》見られるのである。筆者が絵解きを一回性の芸能・文芸と規定する所以《ゆえん》が、ここにある。絵画による表現と、言語による表現とに加えて、時に屛風歌・今様法文歌、あるいは伽陀のような和歌・歌謡などの朗詠、即ち音楽的表現との接点をも持ち合わせ得るものである。

二

現存資料によると、わが国における古代の絵解きは、高僧自らが皇室の人々や貴紳たちといったごく限られた上層階級を対象に、寺院堂塔内の壁画・障屛画を用いて絵解きしていた。現在最古の文献たる慶延の『醍醐寺雑事記』に引く『李部王記《りほうおうき》』承平元年（九三一）九月三十日条には、

又共過貞観寺。入正堂礼仏。次礼金剛界堂。次礼胎蔵界堂。次登楼見鏡及礼塔下仏。次礼良房太政大臣堂仏。観楹絵八相。寺座主説其意。中務卿親王以綿一連修諷誦。余又以銭一千同修。（傍点引用者・以下同じ）

と記されている。『李部王記』の筆者である重明親王は、中務卿親王とともに藤原良房が建立した嵯峨野の貞観寺（現在では廃寺）に参詣し、良房太政大臣堂の楹《はしら》に描かれた「釈迦八相図」を貞観寺座主から「説其意」、即ち絵解きを視聴した、というのである。

少々時代は下るが、藤原道長の建立した法成寺金堂の扉には、「釈迦仏の摩耶の右脇より生まれさせ給」う場面から、「沙羅双樹の涅槃の夕《ゆうべ》まで」の八相成道―「釈迦八相図」が描かれていたという。おそらくこの図も絵解きされたであろう。

件の「釈迦八相図」は、夙くガンダーラの彫刻や敦煌の壁画をはじめ、東アジア・東南アジアの各地に多くの作品を残しつつ、わが国まで流伝してきたのであった。

鎌倉時代に至ると、様相は一変した。仏教各宗派の、特に鎌倉新仏教による教化宣揚の対象が、武士階級や庶民層にまで拡大されたことに伴って、絵解きの対象も武士や庶民に及んだのである。説き語る側も、「絵解き法師」と称される下賤な専従僧や、格好だけは僧体の散所生活者が、寺院の内外において絵解きするようになった。

このように、視聴者及び口演者双方の変容は、絵解きの大衆化・芸能化現象に弾みをもたらした。法然上人の登場で、顕密諸宗における説教・唱導の方法が大きく様変わりをして、貴族仏教から庶民仏教へと急速に変貌を遂げていったのである。法然上人自身「摂取不捨曼荼羅」（絵相は不詳）を用いて教化に携っ

たと伝えられている。

こうして、鎌倉時代を迎えると、絵解きの種類も多様化し、前代からの「涅槃図」「聖徳太子絵伝」に加えて、主として浄土宗各派では「当麻曼陀羅」と「法然上人絵伝」とを、浄土真宗にあっては「本願寺聖人親鸞伝絵」を、それぞれ絵解きしたのである。また、宗派を超えて三国伝来の一光三尊仏について説く「善光寺如来絵伝」などの絵解きが盛行した。形態も、絵巻と掛幅絵とが同時に伝えられた例も見られる。

さらに室町時代末頃から、熊野信仰の教宣活動に携わる熊野比丘尼と呼ばれる女性布教家が現れ、全国各地で女子供に所謂「地獄絵」（「熊野観心十界曼荼羅」）や「那智参詣曼荼羅」「熊野本地物語絵巻」を絵解きするようになった。江戸時代の文献資料及び絵画資料を繙くと、その絵解きの光景が多々見られるのである。

ところが、明治初期の廃仏毀釈を機に、仏教的内容の絵解きの多くは排斥され、一部がかろうじて今日までその命脈を保ってきたのだった。

加えて、戦後は映画の興隆や、それに続く「電気紙芝居」とも呼ばれたテレビジョンの出現と普及とによって、絵解きは衰退の一途を辿ることとなったのである。

しかし、近年は絵解きの果たす役割（対話型コミュニケーション）が再評価を得て、復活を図る寺院や団体も見られることは、大変喜ばしい現象である。

三

かつて庵逧《あんざこ》巌氏は、「説話と絵解」という論文の中でわが国の絵解きを五つに分類され、その後筆者が庵逧氏の説を補強して六種に分けてみた。暫くして渡辺昭五氏が仏教的要素の有無で分類を試みられたこともあるが、今日では筆者の分け方が概ね通説となっている。

そこで本稿では、絵解き台本や絵解きに関わる図版を時に提示しつつ、あらためて絵解きに用いられた説話画の種々相について考えてみたい。

(1) 経典類や教理に基づく説話画

ここに属する説話画の例をあげるならば、「法華経変（法華経曼荼羅）」「観経曼陀羅（当麻曼陀羅）」「地獄極楽図」（地獄変相国・熊野観心十界曼荼羅・熊野の絵）」「六道絵」「往生要集地獄御絵伝」「五趣生死輪図（六道輪廻図）」「十王図」「二河白道図」など、夙くにインド・中国において存在したものや、わが国で独自に展開した図などが知られている。

絵解きの一例を左に掲げる。平経高の日記『平戸記《へいこき》』寛元三年（一二四五）正月二十六日条によると、亡弟十三回忌に善慧房証空の弟子道観証慧を招いて、午後四時頃から灯《ひ》ともし頃まで、

今日於二兼頼宿禰堂一修二亡弟遠忌一、当十三年、（中略）以二道観上人一啓白、其次令レ解二当麻曼陀羅一、解二曼陀羅一之間、已及二秉燭一了

の如く、「当麻曼陀羅」の絵解きを受けたという。因みに、道観には、著述年月日を弘長二年（一二六二）十月二十日と明記した『曼陀羅縁起』一巻が伝わっている。「当麻曼陀羅」（図1・図2）は、浄土三部経のひとつ『観無量寿経』の内容を絵画化したもので、わが国の大和・当麻寺に伝来したことから、その名が由来する。この「曼陀羅絵解き」は、「曼陀羅講説《こうせつ》」「曼陀羅讃歎《さんだん》」とも呼称されている。

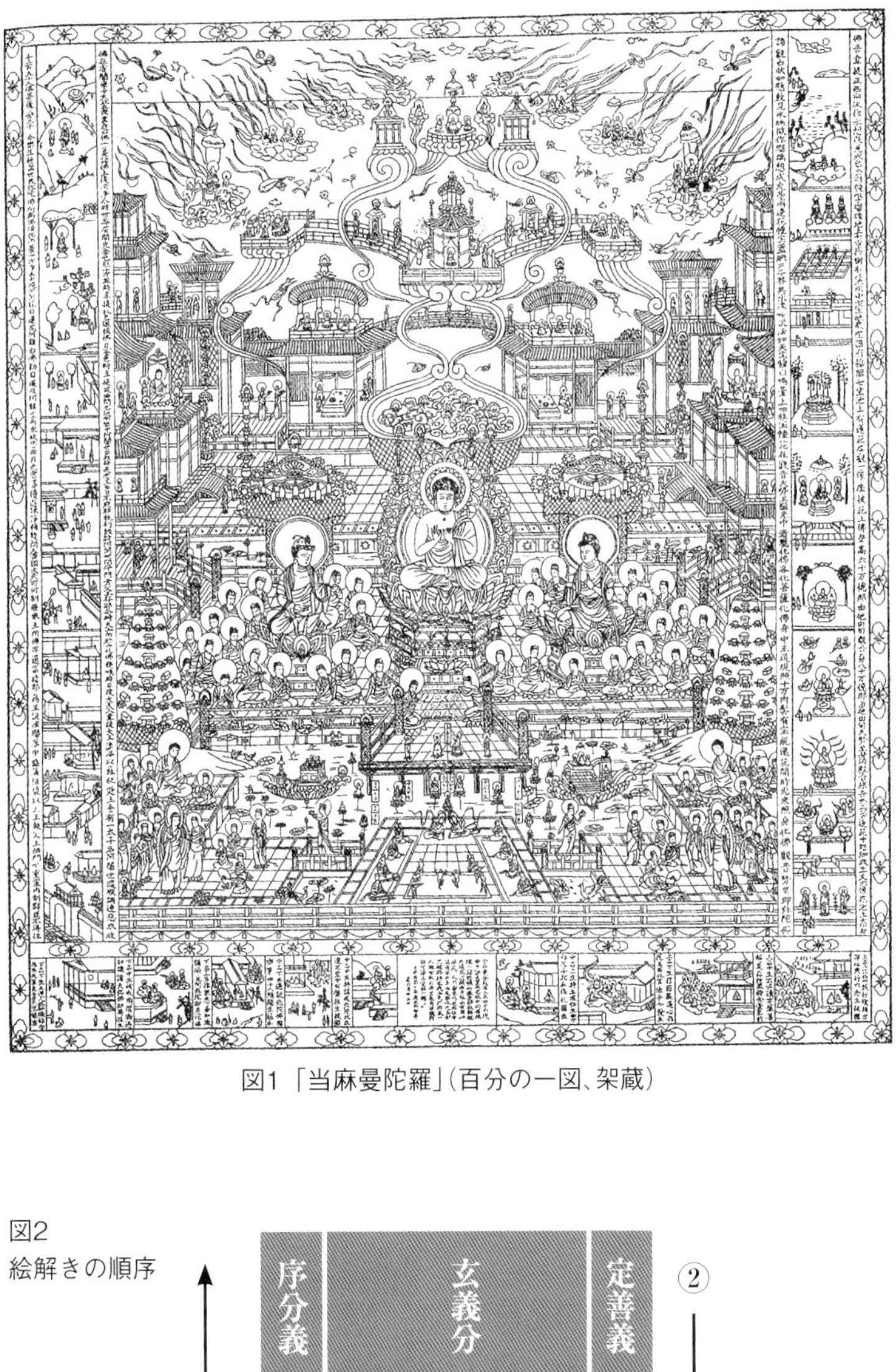

図1 「当麻曼陀羅」（百分の一図、架蔵）

図2
絵解きの順序

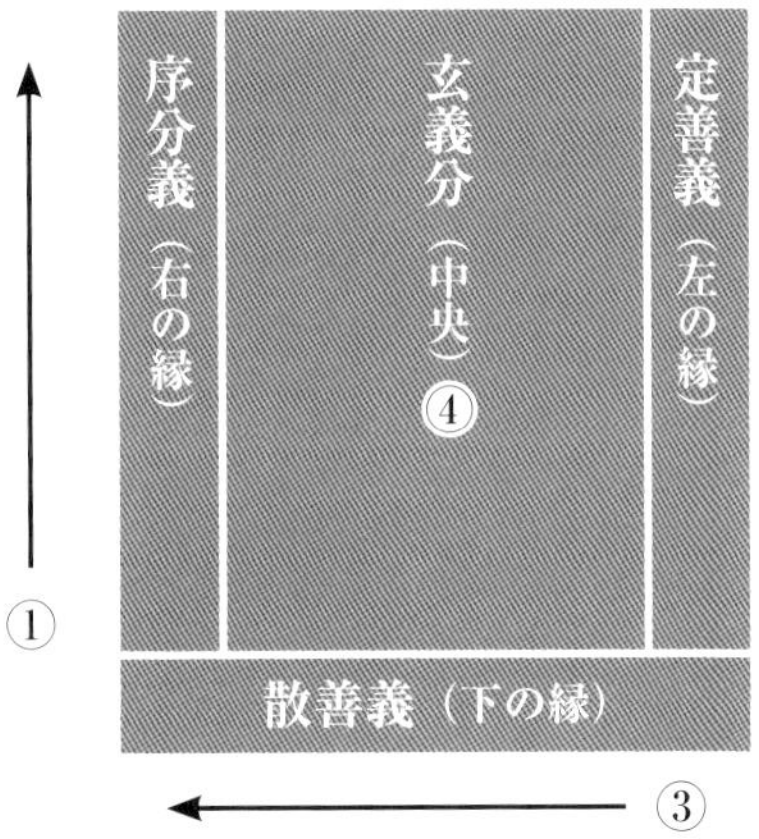

また、『花園天皇宸記《しんき》』元亨元年（一三二一）九月二十一日条にも、

中刻許本道聖人参、説浄土曼荼羅一時余演説

とあり、二時間余り「演説」、即ち絵解きをしたと記されている。

因みに、法然上人の十大弟子のひとりで、西山浄土宗開祖・善慧房証空が、わが国では最初に「当麻曼陀羅」を絵解きした、と伝えられている。遡って中国は唐代、浄土八祖のひとり、善導大師著『観経曼陀羅疏』を「観経曼陀羅」絵解きの一種の台本とする説も存在するのである。この分野の研究としては、関山和夫氏の秀れた著書が存する。

「熊野観心十界曼荼羅」（図3）については、筆者や根井浄・山本殖生・小栗栖健治の諸氏らによって、多数の現存図や関連する文献が発掘・紹介されている。例えば、艸田斎『籠耳』の挿図（図4）には、熊野比丘尼が室内で若い男女に絵解きしている光景が掲載されている。また、山東京伝の『四季交加《しきのゆきかい》』（図

図3　備中下笠賀村の熊野比丘尼が所持した「熊野観心十界曼荼羅」

図4　艸田斎『籠耳』

5）には、七月盆に路傍で商家の妻君とその店の小僧と思しき二人を前に、掛幅絵仕立ての「地獄絵」を示しながら、鈴を鳴らして絵解きしている場面が描かれている。空中には精霊蜻蛉《とんぼ》が飛び交い、左側には盆燈籠を売る男の姿も描写されている。
滋賀県大津市・聖衆来迎寺には、「六道絵」（図6）十五幅があり、江戸末期及び明治期の絵解き台本が現存する。

図5　山東京伝『四季交加』

図6　聖衆来迎図「六道絵」所収の閻魔王庁図

⑵釈迦（仏陀・釈尊）の伝記を描いた説話画

「仏伝図」をはじめ、「釈迦一代記図絵」「釈迦八相図」「釈迦涅槃図」「八相涅槃図」など、さまざまな呼称が存在することは、右の画題にその一面が伺える。

鎌倉時代以降、特定の宗派に限らず伝えられ、絵解きもなされてきた。わが国にあっては、「釈迦涅槃図」（図7・図8）が圧

図8　「大涅槃図」(京都市・泉涌寺)

図7　木版「涅槃図」(鈴鹿市・龍光寺)

図9　石川県珠洲市・千光寺の「釈迦涅槃図」絵解き

倒的に多数を占めているが、韓国では管見の限り「釈迦八相図」が多い。

　例えば、石川県珠洲市・千光寺では、**図9**の如き形で絵解きしている。また、新潟県・大岩寺では、毎年三月十五日、月遅れの涅槃会に、「前八相図」「後八相図」と称する計十六幅から成る「釈迦八相図」と「涅槃図」一幅とを同時に掲げて絵解きしている。その際、「涅槃会だんごまき」と称して、だんごを参拝者に配っていて、甚だ興味深い。

　ところで、わが国における「釈迦八相図」は、鎌倉時代の作が多いが、明恵の涅槃・遺跡・舎利を扱った「四座講式」が成立したのも、鎌倉前期の建保三年（一二一五）であった。明恵が催した高山寺での涅槃会は、午《うま》の刻から翌日丑《うし》の刻までのおよそ二十時間に及ぶ法式であって、群衆の身の安全のために途中で打ち切られたという。『涅槃講式』は、「涅槃図」と関わるものであるが、後年は「涅槃講」「おねはん会」などと呼ばれる年中行事となって広まり、絵解きを含めた行事が全国各地で今日に至るまで続いている。

　京都市・東福寺の画僧・兆殿司《ちょうでんす》（吉山明兆《きっさんみんちょう》）が、応永十五年（一四〇五）東福寺涅槃会の本尊として描いた「大涅槃図」（重文、十五メートル×八メートル）は、現在でも毎年三月十四日から十六日までの三日間、須弥壇中央に掲げられ、その前で『遺教経』を読誦、釈尊入滅の悲しみと永遠の悟りを祝す。乞われれば、ごく簡単な絵解きもしてくれる。


　なお、〝変わり涅槃図〟として、江戸時代以降「業平涅槃図」「玩具《おもちゃ》涅槃図」「芭蕉涅槃図」「日蓮聖人涅槃図」「野菜涅槃図」などが知られるが、代々の市川団十郎をはじめ歌舞伎役者の〝死絵《しにえ》〟としてもこの形が登場する。これらは〝おどけ涅槃図〟とも称されている。

(3) わが国の祖師・高僧の伝記を描いた説話画

　日本仏教の祖と仰がれる「聖徳太子絵伝」をはじめ、「弘法大師絵伝」「後深草帝御寄進開山上人一生絵」、鎌倉新仏教開祖の「法然上人絵伝」「親鸞聖人伝絵」「一遍上人絵伝」「日蓮聖人絵伝」「道元禅師絵伝」、さらに浄土真宗にあっては「蓮如上人絵伝」などがある。

　九条道家『玉蘂《ぎょくずい》』承久三年（一二二一）条の記述によれば、

次参㆓広隆寺㆒、以㆓御堂巽角㆒為ㇾ局、豫謁㆓別当宮㆒僧都儲㆓鋪畳㆒、先奉㆓灯明㆒、（中略）次参㆓太子堂㆒、（中略）召㆓-出法師一人㆒、令ㇾ説㆓太子御伝㆒、奉ㇾ図㆓後壁㆒故也

の如く、広隆寺の一法師に太子堂の後壁に描かれた「聖徳太子絵伝」を絵解きさせた、と伝えている。遡って、『建久御巡礼記』「法隆寺」条によると、

当麻寺織仏可㆓拝給㆒、日既可ㇾ暮、絵殿不㆓説御坐㆒、

龍田河上渡オハシマシテ云々

とある。即ち、建久二年（一一九一）暮、鳥羽上皇の皇女と思われる高貴な女性が、南都の大寺を巡礼した折の様子を、随行した興福寺の僧実叡が書き留めた巡礼記である。件の女性は、当麻寺の「当麻曼陀羅」を何としてでも拝もうと（絵解きも聴聞したかった？）、法隆寺絵殿での「聖徳太子絵伝」絵解きを聞かず、ただちに当麻寺へ向かった、という。極楽浄土を描いた大画面の「当麻曼陀羅」を拝することが、女人にとって南都巡礼の大事な目的だった、と知られるのである。

百年後の正応三年（一二九〇）、かつて後深草院の女房であった二条もまた、「法隆寺より当麻寺へ参りたれば」と『とはずがたり』中で書いており、同じコースを辿っている。多分「聖徳太子絵伝」の絵解きを聴聞した後、当麻寺で『観無量寿経』の所説に中将姫伝承を織り込んだ「曼陀羅講説」を視聴しただろうと想像される。

ところで、富山県南砺《なんと》市の瑞泉寺では、毎年七月二十日から二十八日までの虫干会を「太子伝会」と称して、「聖徳太子絵伝」八幅（図10）を列座役の僧たちが絵解きしている。また、二百十日にあたる九月一日の他、農閑期の「御巡回」と呼ばれる出開帳に類する席でも絵解きが行われる。

法然上人や親鸞聖人の絵伝は、祖師・高僧絵伝中でも数多く作られ、しかも巻子（絵巻）と掛幅絵とが併行して伝わっている。

「法然上人絵伝」の絵解きについては、善導寺「伝法絵」巻二の「識語」に、

此絵披見之人、奉レ礼二三尊之像一、其詞説明輩、読二誦大経之文一、願二身口意之行一、念二阿弥陀之名一、往生極楽之志無レ弐、勿レ疑レ之也云々

とある。即ち、法然上人入寂後二十五年の嘉禎三年（一二三七）成立した躭空《たんくう》著述の本書は、福岡県・善導寺に蔵されている。「法然上人絵伝」として嚆矢《こうし》の本書の識語は、この「絵伝」が絵解きに用いられるために作成されたことを物語っているのである。

岐阜県八百津・善恵寺の故今井祐成師は、戦前、名古屋で二十枚から成る額装（押絵）の「法然上人絵伝」（図11）を二、三枚自転車の荷台に付けて絵解きして廻っていたという。

次に、「親鸞聖人伝絵」の絵解きに関しては、その三十三回忌の翌永仁三年（一二九五）、曾孫に当る本願寺三世覚如上人が知恩報徳のために、上下二巻の「善信上人絵」を作ったと、覚如上人の次男・従覚上人作「慕帰絵（覚如上人絵伝）」（図12）は、伝えている。当該場面を眺めると、覚如上人自ら選述した詞書を手にしつつ、絵師・康楽寺浄賀に上下二巻の絵巻を描かせている。絵巻制作の過程を示す貴重な資料のひとつでもある。

以後、親鸞聖人の絵伝は、真宗門徒の間で広く賞翫され、流布することとなったのである。

江戸時代、浄慧『真宗故実伝来鈔』（明和二年〈一七六五〉跋）は、

伝ト絵ト別タマフ事ハ存覚上人ノ時也、二巻ノ絵相ヲ一幅

図11　今井祐成師の絵解き
（岐阜県・善恵寺）

図10　「聖徳太子絵伝」の絵解きをする吉沢孝誉師
（富山県南砺市・瑞泉寺）

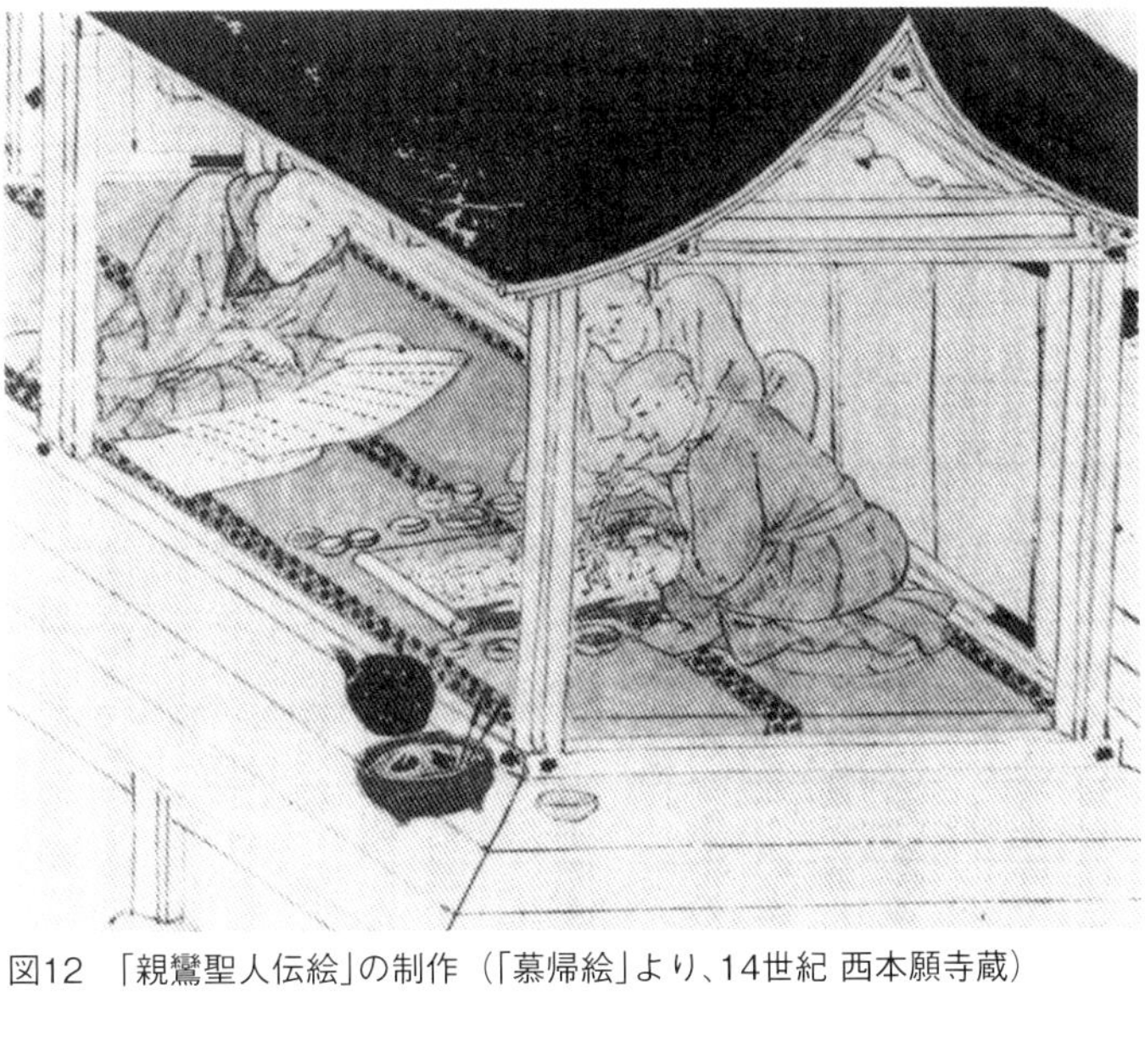

図12　「親鸞聖人伝絵」の制作（「慕帰絵」より、14世紀 西本願寺蔵）

ニ画シ、後二巻ヲ又一幅ニシ、伝文二巻トシ、下ヲ前トシ、上ヲウシロトシテ下ヨリ上ヘカヽセラル画ニ合シテ第一段第二段ノ標目ヲ定給フ、上八段下七段コレヨリ以来、

拝二見絵相一聴二聞伝文一

と記している。つまり、覚如上人の長男・存覚上人の時代に、「善信上人絵」を詞書だけの『御伝鈔（御伝文）』と掛幅絵の「御絵伝」（図13）とに分け、後に〝御伝鈔拝読〟と呼ばれる絵解きを始めた、と述べているのである。

遡って、八世蓮如上人の言行記録『空善日記』明応五年（一四九六）条には、

十一月報恩講の廿五日に御開山の御伝を聖人の御まへにて上様あそばれて、いろ〳〵御讃嘆、なか〳〵ありがたさ無二申計一候

とあり、これこそ御伝鈔拝読史上、貴重な初出文献として知られている。

高力種信（猿猴庵）の『龍口寺霊宝開帳記』を繙《ひもと》くと、文政九年（一八二六）神奈川県藤沢・龍口寺の御開帳の場に「日蓮聖人龍の口御難の絵相」と呼ばれる二幅（図14）が掛けられ、右側の絵の前に裃《かみしも》姿の男が楚《しもと》で絵を示しながら絵解きしている。その頭注には、

是《これ》より霊宝場《れいほうば》のていなり、其絵解《そのえどき》の詞《ことば》を採《とり》てあらましの縁《えん》起《ぎ》を知らしむ。但《ただ》し長文《ちやうぶん》なるは略《りやく》して其要《そのよう》を演《の》ぶ、（下略）

のように記され、実際の絵解きは「これにかゝれ玉ふは……なり」というふうな口調だったことを簡略に述べている。

図13　「親鸞聖人伝絵」（第１幅2図左）

図14　「日蓮聖人龍の口御難の絵相」の絵解き（『龍口寺霊宝開帳記』西尾市立図書館岩瀬文庫蔵）

⑷寺社の縁起・由来・霊験・案内を描いた説話画

「立山曼荼羅」「白山曼荼羅」「富士参詣曼荼羅」「多賀社参詣曼荼羅」「清水寺参詣曼荼羅」「誓願寺縁起絵」「那智参詣曼荼羅」「紀三井寺参詣曼荼羅」「粉河寺参詣曼荼羅」「有馬温泉寺縁起絵」「志度寺縁起」「玉垂宮縁起絵」「善光寺如来絵伝」「矢田地蔵縁起絵」など、主だったものを列記しておく。内容を六種に分類したが、最も内容が多種にわたっているのが、この⑷に属する説話画である。

この領域では、徳田和夫・吉原浩人・久野俊彦各氏の研究成果が注目される。

室町時代以降になると、西国三十三観音霊場の巡礼や、四国八十八観音霊場のお遍路など、寺社への参詣がブームとなり、それに伴って各種参詣曼荼羅が盛んに作成されるようになった。因みに、西国の地、紀州に参詣曼荼羅制作の工房を想定する説もある。

近代に至ってからでも、愛知県稲沢市の通称祖父江善光寺では、堂塔建立のための寄進を募るべく、地元愛知をはじめ、岐阜・三重の東海地方で出開帳時に「善光寺如来絵伝」絵解き（図15）を行なった。その予告ポスター（図16）も残っている。また、台本や絵解きの一部を録音したテープが現存しており、さらに

図15　「善光寺如来絵伝」の絵解き
（双蓮山善光寺 林旭山師）

図16　絵解き説教の予告ポスター

図17　来迎寺本「立山曼荼羅」四幅（富山市・来迎寺）

図19　大徳寺の絵解き（佐伯スズエ師・大徳寺）

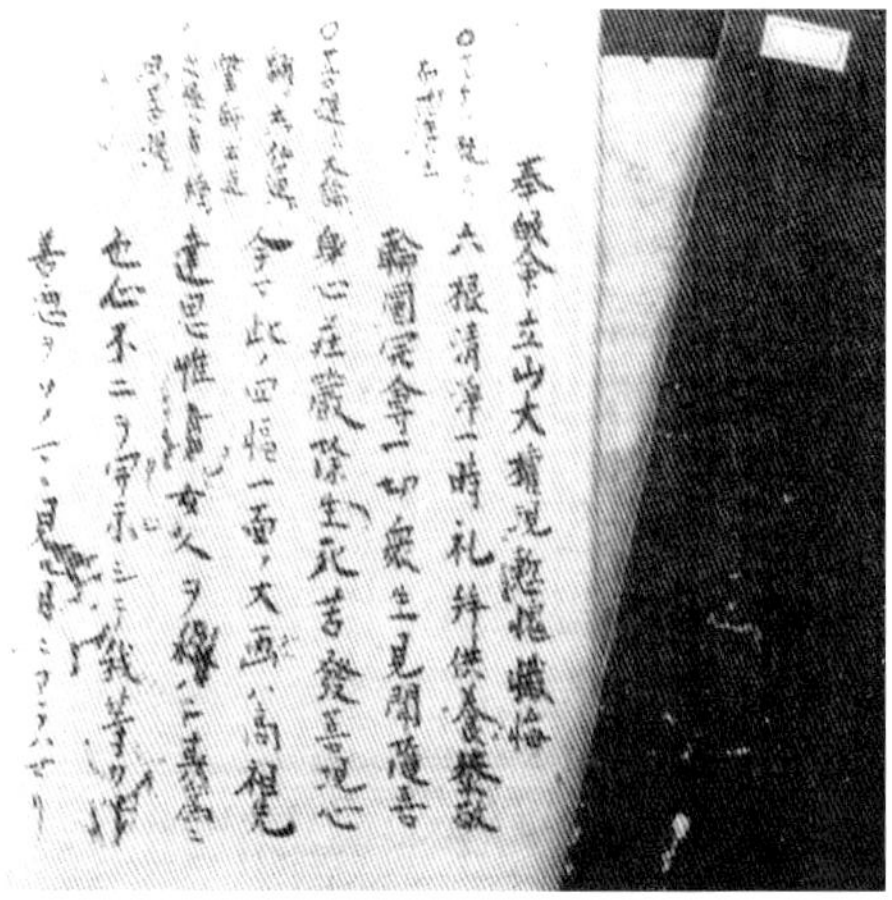

図18「立山手引草」
（富山県立山町・旧延命院蔵）

近年はあらたに作った絵伝二幅を用いて、寺の内外で住職夫人が絵解きを復活、口演している。

「立山曼荼羅」（図17）は、江戸時代に盛んに作成され、二十本前後現存する。絵解き台本『立山手引草』なる一書（図18）も現存する。この台本を参考に、筆者が新しく台本を作り、〝国民文化祭とやま〟において、立山町芦峅寺の復元された宿坊で口演した。その後は、米原寛氏が富山県〔立山博物館〕の内外で精力的に口演されている。これとは別に、魚津市・大徳寺では寺宝の「立山曼荼羅」四幅を住職自ら絵解きされてきた（図19）。

「志度寺縁起」や「矢田地蔵縁起絵」は、絵巻と掛幅絵とがともに伝わっている例で、演ずる場所や人数などの条件によって使い分けられていたのではないかと考えられるのである。

(5)軍記物語に題材を得た説話画

「京都六波羅合戦図（平治戦乱絵図）」「源義朝公御最期の絵図」「安徳天皇御縁起絵図」「三木合戦図」などを指すグループである。

愛知県・大御堂寺（野間大坊）には、源義朝に纏《まつ》わる「京都六波羅合戦図」と「源義朝公御最期の絵図」の二種が伝わっているが、現在は「源義朝公御最期の絵図」だけが絵解き（図20）されている。江戸末期以降の絵解き台本（図21）も数種伝えられていて、絵解きの変遷を知る上で貴重である。

「三木合戦図」絵解き（図22）は、豊臣秀吉の三木城（兵庫県三木市）攻めに対して、城主別所長治と家臣たちが城から打って出て抗戦するもので、絵解きは、「是は……でござる」「是は……の体《てい》なり」といった短い科白《せりふ》で次々と合戦の場面を説いていく特異な語り口である。

(6)物語・伝説に題材を得た説話画

ここに属する説話画は、「苅萱道心石童丸御親子御絵伝（苅萱親子御絵伝）」「衛門三郎」「小栗判官一代記」「道成寺縁起絵巻」「恋塚寺縁起絵」「小野小町九相図」「檀林皇后九相図」「酒呑童子絵巻」など、多様である。

「苅萱親子御絵伝」をめぐる絵解きは、高野山苅萱堂（図23）に伝わるが、長野市内の二ヶ寺、即ち西光寺（図24）と往生寺（図25）でも成されている。それぞれ独自の語り口で、甚だ興味深いものである。

現存する「九相図」の大部分は、小野小町を主人公としているが、京都市・西福寺蔵「九相図」（図26）と、大津市・聖衆来迎寺「六道絵」所収の「人道九相図」は、ともに大伴氏出身の檀林皇后を主人公としていて、興味をそそられる。

絵巻を使用した現行絵解きとして唯一なのが、和歌山県・道成寺に伝わる「道成寺縁起絵巻」上下二巻である。昭和以降に限ってみると、歴代の住職を中心に絵解きされてきた。

昭和四十年代までは、小型の絵巻を用いて住職がその前に座して（視聴者には背を向ける形で）絵解きしていた（図27）が、何時の頃からか大型の絵巻を使い、住職は立って絵解く（図28）ように変わったのである。幕末の絵解き台本の他、昭和四年（一九二九）に執り行われた千年祭の折に作成された絵解き台本があり、近時挿図入りの、幕末の台本に近似する「安珍清姫之本」という小冊子形態の資料が、近隣の浄土宗寺院から道成寺へ寄贈された。

図20「源義朝公御最期の絵図」の絵解き
（水野隆円師　大御堂寺）

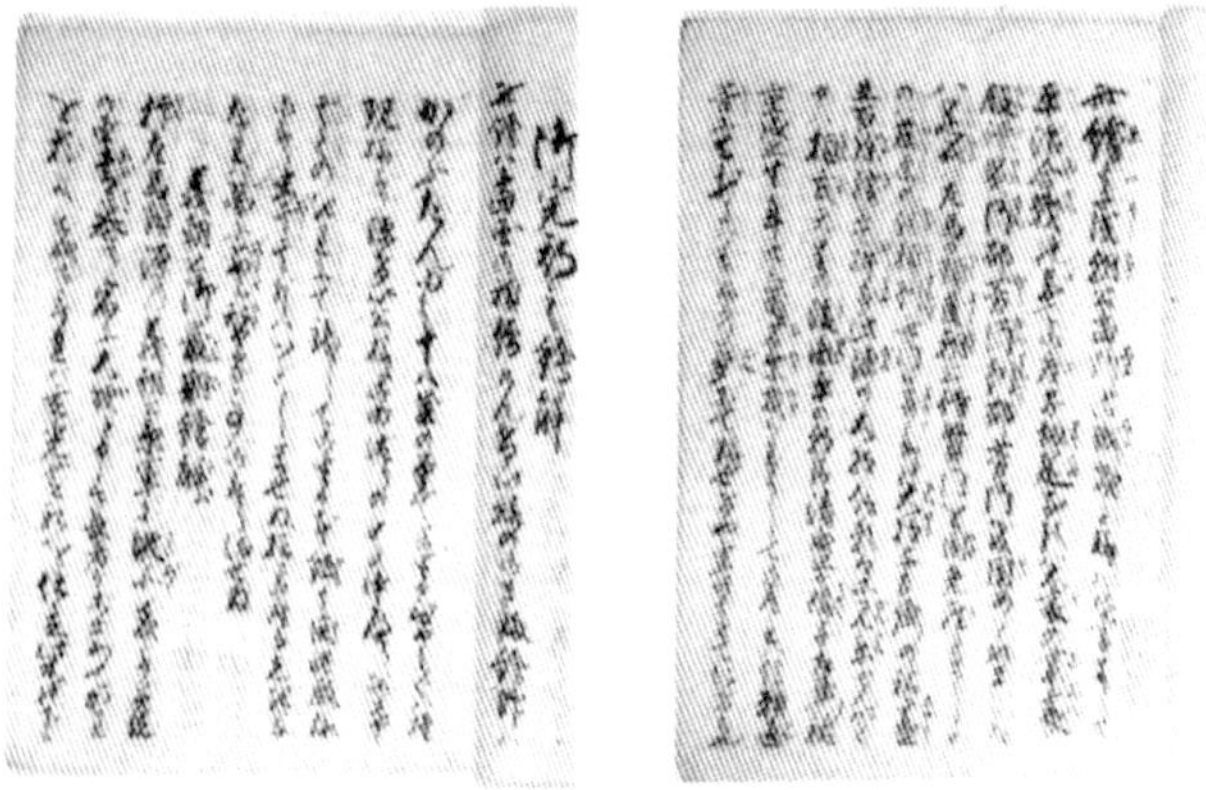

図21　絵解き台本「大御堂寺絵解」
（西尾市立図書館岩瀬文庫蔵）

絵巻を用いた絵解きは、昭和五十年頃まで新潟県・国上寺に伝来する「酒呑童子絵巻」三巻を用いて、本尊御開帳時に、庫裡に通じる廊下や組立て式小屋掛けの中で、扇子の柄を指し棒代わりにして絵解きしていた、と仄聞していた。しかしながら、平成元（一九八九）年七月二十一、二十二の両日、〝分水まつり〟での久々の口演を直前にして、最後の絵解き伝承者だった神田与七氏が亡くなられ、名実ともに絵巻を用いての絵解きは、道成寺だけになってしまったのである。

図22　三木合戦の絵解き
（神沢裕章氏・兵庫　法界寺）

図23　額絵を前に絵解きをする大川正雄氏
（高野山刈萱堂）

図24　「刈萱道心石童丸御親子御絵伝」
の絵解き（西光寺・竹澤繁子氏）

図25　「刈萱親子御絵伝」の絵解き
（往生寺・水野善朝師）

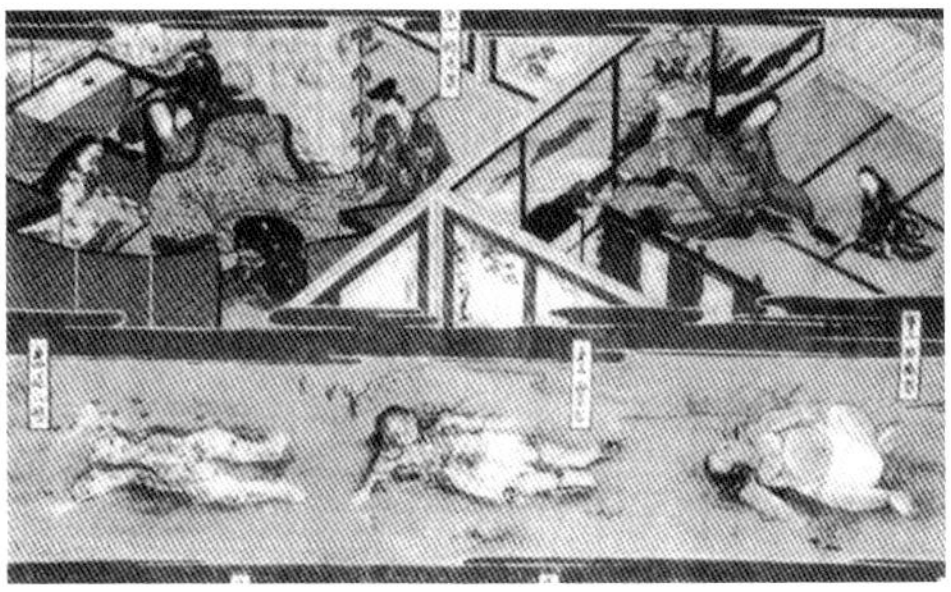

図26　檀林皇后九相図
（京都市・西福寺蔵）

四

絵解きに用いられた説話画を、形態面から分類するならば、大きく、

（a）壁画

（b）障屛画

（c）絵巻

（d）掛幅絵

（e）額絵

の五つに分けることが可能である。

現存する説話画を見ていると、（d）掛幅絵が実にバリエー

図27　道成寺の絵解き（堀田宏海師・和歌山　道成寺）

図28　「道成寺縁起絵巻」の絵解き（小野成寛師　道成寺）

ションに富んでいることに気付く。さらに量も多い。先の内容分類の「⑷寺社の縁起・由来・霊験・案内を描いた説話画」の傾向と共有する点が多々見られると言っても、過言ではなかろう。

五

内容から六種に分けてそれぞれに掲げた説話画は、過去あるいは現在絵解きの対象となったもので、しかも広く一般に知られたものに限ったが、必ずしもこれだけではないことを、あらためて強調しておきたい。

また、前述したように、寺社参詣曼荼羅を含めて、⑷に属する説話画が質量ともに抜きん出て多いことも、あらためて注意を喚起しておきたい。それにも関わらず、寺社参詣曼荼羅の絵解きに関する研究が著しく遅れをとっていたのは、直接的な文献資料が少なかった点にあったのだが、多くの研究者のさまざまな領域からのアプローチによって、近年研究成果の様相が大きく変容したことも、述べておかねばならない。

〔付記〕・本稿中の関係各位に対して、あるいは非礼があるやも知れぬが、諸般の事情を鑑みて、御寛恕頂きたいと念じ上げる。
・『いすみや』（明治大学大学院教養デザイン研究科紀要）6号より転載。

7

善光寺信仰の形成と展開

——女人信仰をめぐって——

林　麻子

はじめに

国民的信仰寺院[1]、超宗派寺院[2]と形容される信州善光寺。本尊の善光寺如来は、長野の地に遷座されてより約千四百年以来、多くの人びとの信仰を集めその法灯は今なお揺るぎない。ましてや、その信仰形態は他の寺院と比較して異彩である。文献史料が乏しいなかで、善光寺は『日本書紀』をはじめとして、現存の文学・芸能や絵伝といった史資料を基に様々な領域で取り上げられ、先学諸氏の研究成果により、多くの事柄が明らかにされてきた。なかでも善光寺は、特徴の一つとして早くから女人参詣を受け入れ、女人救済の寺として信仰されてきた。そこで本論では、先学の研究成果を踏まえて様ざまな文献史料を基に、女人にとっての信仰を中心にその過程を追いながら、善光寺信仰の形成と展開の考察を試みた。

第一章　善光寺縁起の成立

第一節　善光寺縁起に関わる文献史料

特に善光寺信仰の流布に関わる善光寺縁起は壮大な由来を持つが、如何せん文献史料の散逸が多く、縁起の成り立ちを辿るには、現存する古縁起以下、多くの縁起類を繙く作業が不可欠となる。これに関しては、善光寺史や縁起研究の先学による成果が有効だと思われる[3]。したがって、先ず善光寺縁起を概観しておくこととしたい。

善光寺縁起には、日本仏教公伝の記述と関係付けた縁起譚が成立している。

この仏教伝来[4]については、『日本書紀』欽明天皇十三年（五五二）十月条に次のような記述が見られる。

冬十月ニ、百済ノ聖明王、更ノ名ハ聖王。遣シテ二西部姫氏達率怒唎斯到契等ヲ一、献ル二釈迦仏ノ金銅像一軀・幡蓋若干・経論若干巻ヲ一。[5]

この記述によると、百済の聖明王より我が国に釈迦の金銅仏が献上されたとあるが、善光寺仏とは記されておらず、善光寺縁起との関連を考える上で、どのような意味を持つのであろうか。

日本において、俗に三国伝来の三如来とは、京都市嵯峨・清涼寺の梅檀釈迦如来、京都市・因幡堂の薬師如来、そして信州の善光寺如来の三つだといわれている。[6] 特に、善光寺如来は「生身《しょうじん》」の阿弥陀如来として人々から崇められてきた。さらに、善光寺如来は日本仏教初伝の仏としても知られる。例えば、善光寺縁起（略縁起などを含む）は、約八十種あるが、[7] 以下に取り上げる主要な縁起や文学作品の中で、善光寺如来が日本仏教初伝の仏と意識され、そして、その伝来時より「本師如来」と称されていたことが、これらの文献より確認できる。[8]

次に善光寺仏の伝来について考えてみたい。

各種縁起によれば、天竺（インド）・百済（朝鮮半島）・本朝（日本）とそれぞれの国で多くの衆生を救済したとされる善光寺如来であるが、天竺での出現については、雑密経典『請観世音菩薩消伏毒害陀羅尼呪経』[9]の内容と善光寺縁起のそれとが似通っており、何らかの関連があるかと思われる。要約すると、次のような内容である。

毘舎離国菴羅樹園の大林精舎において世尊（釈迦）が阿羅漢に教えを説いていた頃、同国の人々が大疫病に遭い、大城の中の月蓋長者が世尊に人々の救済を請うと、世尊の神力により西方より無量寿仏と観音・勢至の二菩薩が出現して、長者は三宝に帰依し救済を願うと、仏・二菩薩は毘舎離国に至り、衆生を大光明に照らした。その際、人々は楊枝と浄水を具して仏・菩薩に授与すると、神呪を説き、その呪力により衆生は救われた。衆生は授けられた『請観世音菩薩消伏毒害陀羅尼呪経』を誦持し、観世音の名号を念ずる者は、業障消滅し、苦厄を免れ、仏が現れる、と説いた。

右の雑密経典『請観世音菩薩消伏毒害陀羅尼呪経』は、略して『請観音経』といい、『伝教大師将来台州録（ママ）』[10]の中に『請観音経一巻』『請観音経疏一巻』（智者大師出）『請観音三昧行法一巻』（入止観幷天台国清百録部）請来し、延暦二十四年（八〇五）七月十五日に上表と『将来目録（ママ）』に記されている。この経典『請観音経』は、弘仁十一年（八二〇）に最澄が比叡山延暦寺に創建した相輪樘に納められている。[11]『請観音経一巻』の訳者は、東晋天竺居士竺難提とあるが、難提という人物については未詳である。『請観音経』は、『請観音法』とも、『楊枝浄水法』とも呼ばれたらしい。例えば、『阿娑縛抄』[12]第八十四には保元元年（一一五六）夏疫病を払うために『請観音法』を修したという記述が見られるのである。[13]

善光寺縁起の現存最古の文献としては、逸文ながら『扶桑略記』（全三十巻、現存十六巻。別巻の抄本が存する。皇円著（〜

嘉応元年（一一六九）六月没）巻三に見られ、それによると、百済王より献上された仏像は、寸法まで明記された阿弥陀仏像と観音・勢至の二菩薩像であり、秦巨勢大夫に命じて信濃国へ請送されたという。その全文は、次の通りである。

同年壬申十月。百濟明王献《ズ》二阿弥陀仏像《ヲ》一。長一尺五寸。観音勢至像。長一尺。表《ニ》云《ク》。臣聞《ク》。萬法之中。仏法最善。世間之道。仏法最上《ナリト》。天皇陛下亦應《ニ》ベシ二修行一。故敬《ンデ》捧《ゲ》二仏像経教法師《ヲ》一。付《シテ》レ使《ニ》貢献《ス》。宜《シク》ベシ二信行一者。已上或記《ニ》云《フ》。信濃国善光寺阿弥陀仏像。則《チ》此仏也《ト》。少治田天皇《ノ》御時。壬戌年四月八日。令二下秦巨勢大夫《ヲ》一奉《ル》上レ請二送《シ》信乃国一。云々。善光寺縁起《ニ》云《フ》。天国排開広庭〔欽明〕天皇治十三年壬申十月十三日。従《リ》二百濟国一。阿弥陀三尊浮《ビテ》レ浪《ニ》来《リ》。着《ク》二日本国摂津国難波津《ニ》一。其後経《ノ》二卅七箇年《ヲ》一。始《メテ》知《ル》レ有《ルヲ》二仏法一。仍以《テ》二此三体《ヲ》一為《ス》二仏像之最初《ト》一。故俗人号《ケテ》レ之《ヲ》。悉曰《フ》二本師如来《ト》一。小墾田推古天皇十年壬戌四月八日。依《リ》二仏之託宣《ニ》一。忽下《ス》二綸言《ヲ》一。奉《ル》レ移《シ》二信乃国水内郡《ニ》一。仏像《ノ》最初。霊験掲焉。件《ノ》仏像者。元是釈尊在世之時。天竺毘沙離国《ノ》月蓋長者。随《ヒ》二釈尊《ノ》教《ニ》一。正《シク》向《ヒ》二西方《ニ》一。遥致《シ》二礼拝《ヲ》一。一心持《ス》二念弥陀如来。観音。勢至《ヲ》一。尓《ノ》レ時三尊促《メ》二身於一搩手半《ニ》一。現《ス》二住月蓋門閫《ニ》一。長者面見《ニ》二一仏二菩薩《ヲ》一。忽以《テ》二金銅《ヲ》一所《ル》レ奉《ル》二鋳写《シ》一之仏菩薩像也。月蓋長者遷化之後。仏像騰《リ》レ空《ニ》。飛《ビ》二到《リ》百濟国《ニ》一。已経《ヌ》二・千余年《ヲ》一。其後浮《ビ》二来《ル》本朝《ニ》一。今善光寺三尊《ハ》。是《レ》其《ノ》仏像也。已上出《ヅ》二彼寺本縁起之文《ニ》一。(14)

この『扶桑略記』の縁起を引用した記述が、平安末期から鎌倉初期にかけて成立した覚禅撰（康治二年（一一四三〜？））『覚禅抄』「阿弥陀法下」に見える。三国伝来、日本仏教初伝、天竺での仏の出現、善光寺建立と聖徳太子誕生まで、要点をおさえた縁起となっているのである。(15)『扶桑略記』の縁起を引くものとして、この『覚禅抄』の他に、僧侶の手に成る心覚撰『鵝珠鈔』巻下二「善光寺佛縁起事」(16)や承澄撰といわれる『阿娑縛抄』巻二百(17)が挙げられる。

平安末期成立といわれている『伊呂波字類抄』十巻本（天養〜治承年間（一一四四〜一一八一）に補訂を加え成立）増補部「善光寺」の項には、古態を留める縁起が記されている。文中では、仏像がどのような姿であったかは記されておらず、信濃国人若麻積東人が善光寺仏を背負い信濃国へ下ったとされている。(18)右で取り上げた縁起類には、僧侶の手になる形態が多く、儀軌や図像集などの仏教関連書中に善光寺縁起が記されていることが知られる。既に当時から三国伝来、日本仏教初伝、生身如来の名声は高かったのであろう。遅くとも平安末期には、善光寺縁起の概略が成立していたと推定出来、縁起の成立にあたって、いくつかの伝承や物語を様々な文献から巧みに取り込んだと考えられるのである。

第二節　善光寺縁起の完本について

『続群書類従』巻第八一四・釈家部九十九（以下「続類従本」と略称）や『大日本仏教全書』第八六巻・寺誌部四（以下「仏教全書本」と略称）所収の真名本『善光寺縁起』（全四巻）は、作者、成立年代とも不詳である。また、序では縁起の大意を述べ、第一巻で天竺百済利益譚、第二巻で日本王臣順逆利益譚、第三巻では善光善佐因縁譚、第四巻は善光寺種々霊験譚を、それぞれ述べるという構成になっている。文中に続類従本は応安三年（一三七〇）四月四日善光寺炎上の記事、仏教全書本ではさらに応永三十四年（一四二七）三月六日金堂炎上の記事を載せていることから、共に室町時代の成立とみられ、それ以後は数多くの縁起類や絵巻[19]の形に作られていることからも、巷間では善光寺縁起の完本だと考えられていたようである。[20]因みに、後年、寛文八年（一六六八）刊の漢字仮名交り『善光寺如来縁起』[21]は、続類従本に拠ったものである。

同じく室町時代成立の完本としては、『室町時代物語大成』第八所収『善光寺如来本懐』上中下三巻・応永九年（一四〇二）成立（以下「本懐本」と略称）のものが現存最古の完本縁起であるとされ、浄土真宗の談義本であると吉原氏は述べる。[22]上巻には、善光寺如来の天竺由来から百済での日本渡来託宣譚、中巻は如来の百済別離より信濃の国、善光邸への持仏堂安置譚、下巻は善助の堕地獄より現世蘇生と善光寺建立譚、の形で構成されている。この本懐本の写本には、応永九年（一四〇二）写・慶應義塾三田メディアセンター蔵本、寛正五年（一四六四）写・京都市西本願寺蔵本などが知られている。[23]

また、先に挙げた仏教全書本には、漢字仮名交りの『善光寺の縁起』上中下・三巻本（作者、成立年代とも不詳）も伝わっている。この伝本は十六箇所の挿絵とおぼしき箇所が「（絵）」のように示され、挿絵そのものは現存しないが、絵入り形式であったことを窺うことが出来る興味深い伝本だと言えよう。

第三節　善光寺縁起にみる女人救済譚および旧跡について

前節で取り上げた完本縁起には、古縁起には収載されていない女人救済譚が収められている。善光寺縁起には多くの女人が登場するが、特に完本縁起に順ずる縁起で取り上げられている二つの女人救済譚に注目してみたい。

一つには、「如是姫の悪病平癒」であり、要約すると、毘舎離国の人々や月蓋長者が慳貪な心を持つことにより、国中に悪鬼邪心が蔓延し、命あるもの皆、悪病に苦しむ。改心した月蓋長者は、如是姫はじめ国中の人々を助けたい一心で釈迦に請い願う。館に帰り、祭壇を荘厳し、西方に向かって、釈迦の勧めた念仏を唱えると如来が出現し、その如来の放つ光明により病に苦しむ如是姫や国中の人々は平癒したというもの。

もう一つの「皇極天皇堕地獄蘇生」は、如来を日本国信濃へ遷座させた本田義光の子義佐が急死し地獄へ堕ちた。如来の勅命により在世へ戻る途中、同じく地獄へ堕ちてきた皇極天皇[24]を救済せんとして、あらためて自分の命を投出して如来に請願する。義佐の心情に鑑みて、如来は義佐、皇極天皇を共に、蘇生させたというものである。

坂井衡平氏の研究によれば、鎌倉時代に成る『三尊阿弥陀如来縁起』月蓋長者説話中の「如是」が如是姫の名の初出とみられていたが、倉田邦雄・倉田治夫両氏の調査により、建治三年（一二七七）の奥書がある青蓮院蔵『請観音経法』表紙見返しの記事中のものが現在のところ最も古い[25]。また、続類従本には、「名如是御前」（一三九頁）と如是姫の病苦救済譚、および「是大日本国主皇極天皇中女帝御座」（一七五頁）として皇極天皇堕地獄蘇生譚がそれぞれ登場している。なお、仏教全書本にも同様な縁起が認められる。ただし、小林一郎氏が指摘されているように、明治に入ると縁起から、皇極天皇堕地獄蘇生譚が省略される点が見受けられることには注意をせねばならない[26]。幕末からの尊王攘夷運動の高まりに関連があると吉原氏は指摘している[27]。そして、忘れてならないのが、貪欲な老婆が牛に引かれて善光寺に参り発心するといった逸話が故事として語られる「牛に引かれて善光寺参り」であるが、これも善光寺縁起の一構成を成す重要な要素であることは、徳田和夫氏「〈牛に引かれて善光寺参り〉譚の軌跡」（『絵解き研究』第六号）によって証明されている。特に注目したいのが、牛による老婆済度譚の図像を藤井寺市小山善光寺蔵の「善光寺参詣曼荼羅」（一幅）より取り上げ、その図像譚の中世における変容を明らかにされる中で、「この物語の変容は、やはり善光寺側の唱導の所産と考えるべきものであろう」と論述している点である。

このように縁起が整うにつれ、それらを定本として派生した縁起には、右に挙げた女人救済譚が収載されるようになった。それらは善光寺側から唱導の都合に合わせ収載され、また、削除されるという縁起の操作が行われたと思われる。そして、現在に伝わる善光寺縁起の内容は、すでに近世には流布していたと考えられるのである。

ところで、縁起に登場する難波の堀江であるが、通称「阿弥陀ヶ池」と呼ばれ、現在、信州善光寺本坊大本願別院の和光寺が建立されている。当寺の縁起によると、元禄十一年（一六九八）堀江新地開発の時、幕府の命により境内千八百坪を永代寺地に定められ、智善上人が長野の善光寺本尊出現の霊地として寺堂を建立し、蓮池山智善院和光寺と称したのに始まると伝え、江戸時代には、本堂他観音堂など諸堂を配していたが、第二次大戦大阪空襲の際に全焼したという。昭和二十二年（一九四七）より再建がはじまり、現在の景観に至っている。この開山智善上人は、信州善光寺大本願第百十三世の光蓮社心誉智善上人で、大和郡山の柳沢家から出た人物だとある[28]。林雅彦氏の「阿弥陀池和光寺と善光寺[29]」では、和光寺発行の『三国伝来信州善光寺如来出現之霊地阿弥陀池畧縁記』を繙き、同寺の本尊由来、あるいは安永九年（一七八〇）・文化十四年（一八一七）両年に行われた江戸出開帳のことなどをまとめている。さらには、和光寺において、焼失した六巻の「御縁起」や現存する四幅の絹本著色「善光寺如来絵伝」と、それをかつて絵解きされた事実まで詳細に報告している。このように、本尊由来の霊地に尼僧が従事する寺が築かれ、善光寺の絵解きがなされた意義は、どのようなものであったのだろうか。

第二章　善光寺縁起の喧伝をめぐって

第一節　縁起絵・略縁起・絵紙

ここまで善光寺縁起の成立について概観してきたが、以下その縁起の流布について検証してみることとする。

我が国の文献上に「善光寺」という名称が見られる現存最古のものは、『後二条師通記』永長元年（一〇九六）三月十二日条の諸寺別当補任の記事中に、「善光寺頼久阿闍梨也」とある記述である。[30]第一章第一節でも触れたが、古縁起類は、多く僧侶が著した儀軌や図像集などといった仏教関連書中に善光寺縁起が収められ、それらを見聞出来たのも、高位な人々であっただろう。そのような地位の人々が善光寺縁起に触れる機会を記した文献を、徳田和夫氏が「善光寺大勧進絵伝場の絵解き」（『絵解き研究』第二号、昭五九・五）の中で列挙されている。即ち、室町時代、後崇光院貞成親王〔文中元年～康正二年（一三七二～一四五六）〕の日記『看聞御記』永享五年（一四三三）六月二十日条に、「自内裏新善光寺絵三巻また被下」とあり、さらに永享八年（一四三六）五月十九日条には、「絵一合持参。善光寺利生絵二局修験道絵一巻」と記されている。同年五月二十日条、嘉吉三年（一四四三）四月八日条には、それぞれ「善光寺絵内裏入見参」、「新善光寺絵五局進之」と記述されており、善光寺の巻子状の絵（絵巻）をよく目にしていたことがわかるのである。

この他、貴族の日記として、三条西実隆（一四五五～一五三七）の『実隆公記』にも、文明七年（一四七五）七月十七日条・同七月十八日条・同七月二十八日条・文明八年（一四七六）三月二十九日条・同年五月二十二日条には、「善光寺縁起絵三巻嵯□三寶□常住也一覧之」や「善光寺絵之詞讀申了」など、実隆自身しばしば絵巻となった縁起絵を見、詞書を読んでいたとされる資料である。右に見られる善光寺縁起の絵巻は、一点のみ現存する。[31]特に『大乗院寺社雑事記』明応六年（一四九七）二月二十一日条の「善光寺縁起弁万タラ以下表法三位房持参入見参、彼寺木食聖ため表法来云々、惣三福（幅）在之、紙一帖・扇一本給之、[32]」は、いわゆる掛幅絵としての善光寺縁起絵伝を示すものであると言える。右に見える絵解きに使われたと思しい掛幅絵は、現在、数十幅以上が確認されている。[33]これらの善光寺絵伝に関しては、吉原浩人氏「『善光寺如来絵伝』覚え書―絵相並びに絵解き研究の課題―」(『伝承文学研究』二九、昭五十八・八)にて詳細に報告がなされている[34]。

また、善光寺縁起を庶民が遍く求めたことから、略縁起類や一枚刷りの絵紙が製作され、これらは自らの愛用として、あるいは、知人向けの土産として多く流布したのであった[35]。『善光寺繁盛記』二編「売絵図」の項には、これら善光寺境内図や、故事として知られる「牛に引かれて善光寺参り」の霊験譚絵図などを売る店があったことが記されている。いずれにせよ、これら絵図を介して、時にはそれを説明する人をも介して、善光寺は広敷され、様々な謂れを纏う寺院となっていこうことは膨大な縁起類の数からも理解出来るのである。

第二節　新善光寺と善光寺仏

前節の『後二条師通記』を初めとして、「善光寺」の名が頻繁に見られるようになった背景には、末法思想との関連が考えられるのではないだろうか。『扶桑略記』後冷泉天皇永承七年(一〇五二)一月二十六日条には、「今年始めて末法に入る」[36]とあるように、この頃から末法意識が強く認識されはじめ、人々は心の平穏を求めると同時に、浄土教思想が広がっていくのであるが、善光寺という寺の気運もこの頃から高まったと言えよう。それを証明するように、平安時代になると、各地に新善光寺が建立される。坂井衡平氏の調査によると、二十五ヶ寺にのぼり、鎌倉時代には六十二ヶ寺、さらに南北朝・室町時代には、新たに七十ヶ寺が造られ、前代と合わせると、約百五十ヶ寺もの善光寺が存在していたという。下って平成十四年、信州善光寺が全国の神社仏閣に対して調査を行ったところ、「善光寺」と名のつく寺院は百十九ヶ寺確認された。また、善光寺仏や絵伝を有する寺社を合わせると四百にものぼる関連寺社の存在が明らかとなった。この調査を縁とし、平成十五年十一月第一回善光寺サミットが開催され、全国善光寺会も発足した。こうして全国津々浦々に建立された新しい善光寺には、善光寺如来の模造仏が各堂舎に安置され、善光寺縁起の絵伝を所有した寺社も多かったと思われる。そこで信州善光寺が発行した「全国善光寺めぐり」には、善光寺にゆかりのある寺社が紹介されており、善光寺縁起の絵伝を所有もしくは、かつて所有していたという記載が見られる。

近代に至っても、祖父江善光寺建立譚にその例をみることが出来る。即ち、祖父江善光寺は、明治四十二年、四十三年と続けて一つの茎から二つの花をつける珍しい双蓮・双頭蓮と呼ばれる蓮が咲く瑞祥により、蓮田を埋め立て、堂宇を建立した。辿れば、この地には黒田善光寺[37]の伝承、甚目寺観音[38]や性海寺[39]といった信州善光寺に関連ある寺院が多く残っている由縁であろう。当初、「信州善光寺別当大勧進祖父江出張所」として、信州善光寺本坊大勧進より御分身仏を勧請し仮堂に安置していた。本堂建立に際し、信者の獲得と、建立費用の浄財を集めるため、開基住職は、善光寺如来の絵伝を寺の外に持ち出し、愛知・岐阜・滋賀・三重各県、遠くは北陸地方にまで足を延ばし、絵解き布教の巡業に出たという。その際には、各地の世話方に予めポスターを配布しておき、当日多くの人々に集ってもらえるよう予告をお願いしたとのことである[40]。このように近代における勧進聖、善光寺聖の足跡であり、新善光寺建立の過程を一部紹介した限りである。つまり、前節で取り上げた和光寺並びに祖父江善光寺然り、新旧の善光寺において、絵伝を所有しているということは、かつて絵解きがなされたと考えてよいだろう。その絵解きを担っていたのが、善光寺聖といわれる遊行僧（隠遁僧）である。『宝物集』（巻第五[41]）には、次のように記されている。

　信乃国ノ善光寺ノ聖人ノ、願ノ力ニコタヱテ同ジスガタニ生レカハリテ、堂ヲ作ル事侍リケリ[42]。（傍点引用者・以下同ジ）

善光寺の聖人は、新善光寺建立の役割を担った聖であり、その足跡は、日本各地に現存する善光寺如来の模造仏や新善光寺から確かめられるのである。

第三節　善光寺の開帳、そして絵解き

信州善光寺で行う開帳を居開帳といい、別寺で行う開帳を出開帳という。ここに、善光寺の居開帳、出開帳に参った人の日記として、江戸末期の国学者、歌人である肥後藩士の中島廣足による『東路日記』下、天保二年（一八三一[43]）には、

　四月朔日。いさゝか船の、すりする事ありて、川口にをりくもりたれど、雨もふらねば、夕つかた天王寺にまうづ。信濃国なる善光寺の御佛、こゝにてをがまれ給ふなりとて人々まゐりつれて、道もさりあへず。佛の御前は、いときら〳〵しく、講師めきたるほうし、高座にのぼりて、経よみをり。左の一間の、すだれかけたるには、かりぎぬすがたなる人々ゐなみて、さうの横笛、ふきあはせたる、いとたうとく聞ゆるに、まゐりつどひたる女どものかたを、しりめに、見おこせつゝ、よこざまに首ひねりて、いとなめげに、ふきならしたるさまどもを見るに、たふとさもさめぬれば、とく立出ぬ。

とあり、善光寺の出開帳が天王寺で行われており、それに参ると、女人の群参を対象に法師が読経をしていたという。高座に上がるとあるので、お説経（お説教）であったのであろうか。

また、信州善光寺での居開帳に参拝した記録としては、江戸の歌人で東本願寺門徒の妙臨尼が還暦を機に、京都東本願寺へ亡き母の納骨のためと本山奉仕へ行き、参拝した後、寛政三年（一七九一）五月二十四日に善光寺へ着くと門前の本陣藤屋に宿をとり、その足で本堂へ向かい開帳仏を参拝したとある（伊藤妙臨『都の日記[44]』）。これらの日記より、開帳になると、遠くからでも多くの人が開帳仏を拝むためやってきたが、特に女人の参拝が熱心であったことが窺える。

さて、信州善光寺の開帳の始まりとなった、元禄五年（一六九二）江戸出開帳を取り上げてみると、その際、寺社奉行に出された出開帳許可願には「絵縁起講談仕」と記載されており、絵解き[45]を積極的に行い、本堂並びに宝塔や楼門の再興をしたいとの意味が汲み取れるのである[46]。他にも、第一章第三節で取り上げた和光寺における、安永九年（一七八〇）の青山善光寺で行った出開帳については、鷹司誓玉氏『信州大本願江戸青山善光寺智観上人[47]』に詳しくあるが、文中、「縁起僧」が開帳行事に出仕していたとの記述は重要である。加えて、徳田氏の前掲論文「善光寺大勧進絵伝場の絵解き」では、元文五年（一七四〇）三月に江戸回向院で行われた出開帳に纏わる記録『元文江戸開帳公辺願書等留記　乾』を繙き、先に行われた開帳時に他の霊仏と共に「如来絵縁起」を安置したこと、今回の開帳時も先例に従い安置することを示し、かつ、そこに収められていた三種の善光寺縁起についても報告している。

これら、出開帳での絵解きについて見てきたが、信州善光寺においても、絵解きを行っていた記録がある。『善光寺繁盛記』初編「図絵説《ヱトキ》」の項には、様々な人々が集う場で、幸平先生と呼ばれる僧侶でない人物が、鞭を手にして、仏縁あってこの仏都に生まれ、経も読まず、漢字も知らないが、幼い頃より高僧の説教を聞いて如来の一代記をおぼえた。それを口は不便ではあるが、結縁のため、その絵解きを行ったという場面の記述がみられる。徳田氏はまた、この場面の舞台となった大勧進万善堂の脇にある今は無き絵伝場にて、近年まで行われていた絵解きを取り上げ、その際、使用された天保七年（一八三六）作、絹本著色「一光三尊東漸縁起圖會」二幅についての詳細な報告もしている。そしてその絵解きは、団体参拝や講中らの法要の待ち時間などに行われていたのだと言う。この絵解きを担っていたのは、大勧進勤めの役僧らであり、満龍寺（須坂市・曹洞宗）芝恵照師、長楽寺（千曲市・天台宗）佐野晃正師らが、この絵伝場での最後の絵解き僧であった。

また、岩下桜園撰『芋井三宝記[48]』に、

今の中衆淵之坊の堂を縁起堂といふ、別当本孝法印より給はりし縁起堂の三字の題額は、さいつころ焼失とかいへり、絵縁起あり、元禄中はじめて江戸開帳のをりは、此縁起を講談のよしにて聞えあげてみゆるしありしとなん　此絵縁起は元禄の頃のものなるべけれど、従一位桂昌院殿の御寄附の御箱などありてめでたし。

と見え、江戸開帳の折、講談のようにこの縁起を絵解きしたようである。現在でも淵之坊には、室町初期作と思しい絵伝が所蔵されている。なお、開帳の場での絵解きの様子については、久野俊彦氏「下野高田山専修寺の開帳と絵解き[49]」に詳しい。

この章では、善光寺信仰の喧伝について考えてみたが、様々な方便で多くの人々に善光寺の御利益を伝え、信仰に結びつけたであろうことが窺い知られるのである。特に、善光寺の絵解きは、縁起僧・絵解き僧らがその役割を担い、信州善光寺側か

ら積極的に働きかけた教化であり、第一章第三節で挙げた女人を感化する女人救済縁起譚も語られたのであろう。日々参拝する人々、さらには、居開帳、出開帳の場で、その都度行われ、多くの人々の耳に届く機会であったと同時に、女人たちに有効な布教活動でもあったと考えられるのである。

第四節　善光寺の運営と組織網

善光寺の創建に関しては、第一章より縁起類を遡り考察してみたが、本節では、坂井衡平氏が参考にされた岩下桜園『善光寺別当伝略』をあらためて読み解き、善光寺の運営と組織網について考えてみたい。

平安時代頃からの善光寺の寺院運営においては、別当を置く寺となっていたことが挙げられる。先に触れたが、『後二条師通記』によれば、頼久阿闍梨が善光寺の別当に補任されていた。また、『中右記』永久二年（一一一四）五月九日条に、京都法勝寺の境内で小さな乱行があり、それに善光寺別当従者等が関わったという記述が見え、[50]『長秋記』元永二年（一一一九）九月三日条には、善光寺別当清圓の船に下官を乗せたという記述が見られる。[51]『善光寺別当伝略』には、安元・治承年間（一一七五～一一八一）に権別当検校に善海を当て、鎌倉期に至って文治年間には、頼朝の下文に役職として目代に属する勧進上人の名が記される。建久年間には、忠豪という大阿闍梨や大勧進職が見え、寛元四年（一二四六）の供養会の際には、維真という学頭、勧揚坊という勧進上人が出仕している記述もある。このことから、平安時代には寺を統率する別当が置かれ、その後、正別当、権別当、主事など様々な役僧を抱えながら寺院運営に当たっていたと考えられる。そして、右に取り上げた記事中、「権別当検校善海」の文末に「是時我寺隷三井寺一」と、善光寺が治承三年頃は、天台寺門宗の園城寺の末寺であったことが知られる。下って「正別当静成法印　権別当」では、「我寺是時隷二聖護院一」とあるように、鎌倉時代の弘長から正和に至る凡そ五十年は聖護院（天台宗寺門派三門跡の一寺）の下に置かれていた。

次に、善光寺の組織網について、先ほど述べた別当補任にしろ、先に示した『中右記』『長秋記』の記事には、法勝寺、平等院、弥勒寺（通宝山弥勒寺か？）、八幡（石清水八幡宮か？）、勧修寺といった大寺社の名前が連なり、その中の一寺院に善光寺があることから、善光寺は平安時代より中央にも名を馳せる寺院となっていたと思われる。組織網については先行研究があり、金井清光氏は善光寺聖を時衆と関連付けて論じ、また、五来重氏は高野聖と善光寺聖を重ねて論じている。[52]さらに、聖徳太子と善光寺如来の書簡往返は、聖徳太子と縁のある四天王寺や法隆寺との関連が深いことを知らされる。ここに、金井清光氏『善光寺とその語り物』には、臨済宗の僧である無住（道暁）の『雑談集』巻三「愚老述懐[53]」より、洛陽諸国ノ処処ノ名所、霊寺・霊社、山門・南都ノ七大寺、コトニハ南浮第一ノ仏ト聞ル大仏、日本第一ノ大霊験熊野、生身仏《シャウジンブツ》ノ如ク思エル善光寺、大師御入定ノ高野、上宮太子ノ御建立、仏法最初ノ四天王寺、並彼ニ御誕生ノ橘寺、御建立法隆寺御廟窟、（下略）

と、参詣した霊場箇所を引いているが、ここに書かれた鎌倉中期から後期においては、善光寺をはじめ寺運隆盛な寺院が窺い知られる。現に、『善光寺別当伝略』には、「性空上人請僧六十六名誦経、重源上人来禮我佛往回凡四十八度等事、記載頗詳」[54]と、平安の天延から天仁（九七三～一一一〇）の間に性空や重源が参拝している記事が見られる。現存する「法然上人行状絵図」や「一遍上人絵伝」、「親鸞聖人絵伝」などからも鎌倉新仏教の開祖やその弟子達が善光寺へ参詣を果たしている様子が描かれている。それだけ名立たる僧侶らがこぞって善光寺に参り、その権威ある信仰にあやかりたいと思わしめた寺院だということだろうか。第一、二節で取り上げた全国各地に残る善光寺仏や新善光寺、そして絵伝、それらの中には勧進聖の名が記されてもいる。早くから寺を離れ諸国を勧進して歩いた善光寺聖たちは、性空や重源、さらに鎌倉時代に新しい宗派を立ち上げていく宗祖らに感化されたのではなかったろうか。そこに共通し、関連してくるのは、高野山、高野聖、萱堂聖、一遍、熊野、聖護院、寺門派、園城寺、四天王寺[55]、法隆寺などであり、『雑談集』に見えた寺院名と重なっている。

当時の組織網はこれらの寺院間で結ばれ発展し、その活動の中心となった聖（善光寺聖）が今日の善光寺信仰の基盤をつくったと思われるのである。

第三章　中世にみる女人信仰

第一節　善光寺への女人参詣

中世には善光寺信仰をはじめ、様々な庶民信仰が興った時代である。中でも、男女問わず受け入れられ、女人の参詣が盛んであった霊場めぐりが、例えば善光寺参りや熊野詣、西国三十三観音霊場巡礼といった形で行われるようになった。ここでは、それぞれの霊場における女人信仰の様子を概観してみることとする。

女人の手に成る日記『とはずがたり』執筆の女房二条は、後深草院の寵愛を得て宮廷に上がったが、後ろ盾である父親の源雅忠が死去し、加えて院に見放されて退出した後、三十一歳で出家、誓願を立てて諸国を修行遍歴する中で、信濃の善光寺への参詣を遂げている[56]。さらに、女人が善光寺へ参詣した例として、次のように『平家物語』巻第十「千手前《せんじゅのまへ》」の段にも見られる。即ち、

されば中将南都へわたされて、きられ給ひぬと聞えしかば、やがてさまをかへ、こき墨染にやつれはて、信濃国善光寺

におこなひすまして、彼後世菩提をとぶらひ、わが身もつ
ゐに、往生の素懐をとげけるとぞ聞えし。[57]

とある。

中将（平重衡）が切られたと聞き及ぶと、愛妾であった千手の前は髪を落とし、墨染めの衣に身をつつみ、信濃善光寺へ下ったという悲哀に満ちた悲話が伝わっている。さらに、『大塔物語』[58]や『岩清水物語』[59]などにも亡き人の菩提を弔うため、女人が出家し善光寺へ参詣するという話があり、当時の善光寺信仰の一端を窺い知ることが出来るのである。右のように、文学作品に善光寺参りは数多く著されているのだが、女人の参詣日記も散見している。いま参考のために、柴桂子氏の『近世おんな旅日記』[60]から抜粋すると、

名主の下総国松戸の母大熊次ぎは、夫伊兵衛の没後五年目の天保十三年（一八四二）、四十五歳の時、従者を連れて秩父観音めぐりおよび善光寺参詣に出た。七日間（大雪のため一日は宿に滞在）かけて三十四番めぐりを終え、その足で善光寺詣でに出かける。伊香保温泉で骨休みをし榛名《はるな》山の池めぐりを楽しんだ後、道すがら坂東札所めぐりをしながら日光へ足をのばし、筑波山や足尾山を訪れ、三十五日の旅を終える。この時の旅の足あとを「秩父道中覚」として書き留めているが、これは訪れた寺社やその日の行程のほか、宿泊した宿屋の名前もきちんと書き付け、その中には現在もなお同じ屋号で営業をつづけている宿屋もある。

（大熊次ぎ「三社参詣銚子並《ならびに》東坂東道中記」）

の如く、江戸末の女人の参詣の姿がいきいきと伝わってくる。

西国・坂東・秩父を合わせて百観音霊場と言われるが、何時の頃からか、これらの観音霊場の上がりは、善光寺に設定されていた。それも、古より亡者は善光寺を通ってあの世へ行くと信ぜられていたからであろうか。

ここにもう一編女人の旅日記を紹介する。

かるかやの寺にて、日もかたむきぬとて、善光寺にいそぐ。ほどなくかの寺の門前に着く。右のかたなる坊の内に、親鸞聖人の何とかやし給ひし処あり。夫を拝みてまた坂を登り、先、二王門を入れば、只、何となく尊し。

なにはづにあらはれましゝみ光りの蘆よりしげきよし
みつの寺

や、日もかたぶく頃、筑前の宿坊なる、法念谷の野村坊にやどる。二十七日。朝六ッ時よりみな打つれて本堂に詣て見るに、はや四十六坊あつまり玉ひて、誦経半におよべり。

けふといへばのりのをしへをしをりにて弥陀の御国の
したはるゝかな

やがて開帳といふ事はじまる。このことゞもをはりぬれば、わが家の亡霊のために供養のわざを乞ふ。……その夜は、人みな、御法の声とともにあかしぬ。

きくらんとおもへばうれしなき親もなき子もなきてと
なへけるなを

かく広き寺のうちに、国々の人いくらといふ数をしらず。
夜も八ッといふころは、あなたこなた、声立てなくもあり。
またそれをいさむるもありて、哀なり。

これは、筑前の商家の主婦、小田宅子（寛政元年～明治三年〔一七八九～一八七〇〕）が書いた『東路日記』[61]であるが、宅子が五十三歳で女友達二人に従者三人を伴い約五ヶ月の旅の中で、善光寺へ先祖の供養に参った場面である。夜半に至り、堂宇内で多くの人々が一夜を過ごす御籠もりの時、亡者を思い泣く声に対して、とがめる声がして気の毒になったというのである。

第二節　熊野詣する女人たち

『宝物集』下に「女人は、地獄のつかひなり、よく佛の種をたつ。外《ほか》の面《かお》は、菩薩ににたれども、内の心は、夜叉のごとし」と譬えられ、女人の成仏は難しいと考えられていた[62]。しかし、熊野へ参るとその女人でさえ極楽往生の結縁が得られると信ぜられ、男女問わず上皇や公家の参詣が相次ぎ、さらに鎌倉以降一般の民衆らがこぞって訪れる霊場となる。この参詣の様を「蟻の熊野詣」と呼んだ。熊野詣の様子は、熊野比丘尼[63]が絵解きをした「那智参詣曼荼羅図」によく描かれている。その絵解きの内容は、林雅彦氏「熊野比丘尼の絵解き」[64]によれば、女人を対象として行われ、「熊野観心十界曼荼羅」といった地獄極楽の絵を得意として勧進活動をしたのだという。その絵解きに触れたかは分からないが、熊野を旅した女人の日記には次のようにある。

翌二十九日はやく起出て権現宮へ参詣せしにいかにも熊野本宮と云うべき程の御社なり　かつて昔の餘風残りて物さびたり、
本社の後に三光を祭りし社あり、是を念ずれば、道中足の憂いなしとて草鞋をかけて祈念す　本社広ろやかにはあらねども心の澄むも不思議なり[65ア]

島根県の西村美須が書いた日記『多比能実知久佐』より引いた一文である。著者西村美須は、万延元年（一八六〇）二月二十八日吉津村を出発し、同年七月八日までの百五十八日間の旅を記しており、熊野を含め、西国順礼および善光寺にも参詣している。熊野本宮を参拝し心の澄む思いをしながら、西国の札所である書写山圓教寺では、女人禁制であったため、下男に笈摺を託し、女人堂で待っている間、

さてしも女人ほどはかなきものはあらじ　初めて札を納め拝するに禁制の処にては尊容を拝する事もならず等何の報いにて女と生まれ来しやらんと身を恨み[65イ]

と思ったとある。女人の性を恨み、同じく女人堂で足止めを余儀なくされる女たちと菓子を食べつつおしゃべりをして待つなど、女人巡礼者同士の交流に退屈しなかった、と書いている。

第三節　西国三十三観音霊場巡礼の女人たち

西国三十三観音の最古の巡礼の記述は、「続類従」所収の『寺門高僧記』にある行尊の巡礼記がそれである[66]。それによれば、平等院において役僧を勤めた行尊大僧正は、第一番札所を長谷寺とし、最終の三十三番札所を三室戸寺の千手堂で結願している。それぞれの札所で願主を立て供養しながら日数百二十日をかけて回ったことが知られる。現在の札所順序とは違っているものの、札所寺院は現行と全く同じである。

次いで、西国三十三観音霊場を巡礼する女人の様子を女人自ら記した旅日記より眺めてみる。

> 三月朔日。吉野川を舟に乗、粉川寺にまふづる。大きなる筏十四、五間ばかりなるを、あまた下し侍るなり。粉川寺は西国順礼第三番の道場なり。其夜は岩手といふ在所に宿る。同宿りに熊野十津川と云所の者よし、女性壱人宿れり。年の程三十計と見えてもの語りす。三十三所順礼にいでたるが、ほどなく故郷へ帰るべし、親のもとへせうそこ遣したきに、かきてたびてんやといふ。いと安き事なりとてかきてわたす。

これは、山梨志賀子の『春埜道久佐[67]』である。商家の志賀子（当時五十五歳）は、寛政四年（一七九二）二月から五月にかけて息子および従者を伴い西国巡礼に出た折、同宿となった巡礼の女人から手紙の代筆を頼まれ快諾したとある。さらにこれには続きがあり、喜んだその女人は自分の故郷の話を志賀子に聞かせるのだが、その話が興味深かったようで、詳細に記している。巡礼での女人同士の交流に思いを馳せる記述である。

寛政三年（一七九一）新版された『西国巡礼細見記[68]』を見ると、巡礼の際の準備品、特に「三十三枚笠笈づるの書様」「すげがさかきやう」「笈づるの書やうかくの如し」など、書式の雛形が図で示されており、大変分かり易い。また、同書には、巡礼縁起やその徳、御詠歌、巡礼札打文、十三ヶ条心得、宿次、舟渡し、札所略図に各札所紹介と周辺名所・旧跡などが記載されており、丁寧な手引書となっている。この中では、三十三番札所華厳寺で満願であるが、その後の参詣場所として唯一「△善光寺」とあるのは、善光寺が番外霊場として認識されていたという点から興味深い。最初の凡例のところに「△此しるしあるは参り所なり。」とことわりがあることから、当時、西国霊場の上がりは善光寺であったと思われる。『多比能実知久佐』を上梓した西村美須が西国三十三番札所である谷汲山華厳寺を打納の後、善光寺へ参り、「年来の願来願し嬉しさ有難さの泪流るゝ事入委の一雨にもまさり心を静め　夫や子の菩提を祈り我身の今世来世も願いもらさず御仏前に置き伏居たり」と記すが如く、宿願の寺である善光寺への参拝に感極まっている。

いずれにせよ、この章で取り上げた女人たちは、各々が心に願いを抱いて、偏にその請願のため、霊場へ赴いているのである。

第四章　善光寺信仰の変遷

第一節　中世〈鎌倉・室町〉

　源頼朝が寿永二年（一一八三）または文治元年（一一八五）、鎌倉に幕府を開いてから、多くの善光寺参詣記が執筆されている。例えば、『信生法師集』の信生法師は、宇都宮（塩谷）朝業といい、出家して信生と名乗った。主君実朝の七回忌にあたる元仁二年（一二三五）二月十日に仏道修行の旅に京を出て、五月に善光寺に参詣している。その後、善光寺から北条政子の見舞いに行くと、すでに亡き人であり、政子の「秋必ず修行」の言葉を思い出し、涙を落としたとの記述がある。(69) 北条政子の善光寺への篤信は、「続類従」第二八輯上『善光寺縁起』の「文永炎上以後堂塔建立之次第」に「念佛堂二品御前之造立也」からも窺え、まこと政子の参詣への思いは一入に篤いものであっただろうと思われる。(70) 政子然り。徳川幕府五代将軍綱吉の母である桂昌院も、第二章で触れた縁起堂である淵之坊に絵筥を寄進、元禄五年の参拝の折には、宝塔および三卿像を寄進したとある。(71) 幕府、将軍家に仕える女人たちの善光寺への篤信は時代が移ろうとも変わらず存していたようである。

　無住道暁著の『沙石集』に収載される「愛執によりて蛇に成りたる事」の中に、「父母悲しみて、かの骨を善光寺へ送らむとて、箱に入れて置きにけり。」との記述があるが、これは鎌倉のとある娘が、寺院で従事していた少年に恋心を抱き、父母の計らいで少年を娘のところに通わせてみたが、少年は気がない様子で次第に足が遠のいてしまい、娘は恋焦がれて死んでしまった。父母は娘を哀れんで遺骨を善光寺に送るため箱に入れた、という説話であり、『沙石集』が成立した弘安六年（一二八三）頃に収載されていたのであれば、当時すでに善光寺では納骨を受け入れていたことが確認出来るのである。

　また、『曽我物語』巻十を見ると、

　「虎、善光寺参詣」

その後虎は曽我の女房に暇を乞ひつつ、二人の白骨をば二つに分けて裹《つつ》みつつ頸に懸けて、信濃の善光寺へとてぞ参りける。同じき六月十三日には武蔵国関戸の宿に付きて昔の人の跡を悲びて、久迷野入野の遙気に心細くも覚へつつ、大蔵・児玉・山名・板鼻・松井田の宿、碓井の峠をも打超へて踏懸の宿にぞ着きにける。上の高根を見ながら別れし人の恋しき影をば袂に宿しつつ、善光寺へも参り付きぬ。二人の殿原の骨を曼陀羅堂に収めつつ、堂塔巡礼も過ぎければ、また古郷へ下向す。碓井の峠に息みつつ、

　無き人は音信もせで玉鉾のまちし月日ぞ帰りきにけり

かくてその夜は松井田の宿に宿して泣々夜をぞ明しける。せめて別れし諸人の夢の枕にも来て、などか幻の間の言告もや無かるべきと悲しくて、

袂には涙をかけてぬる衣あかしかねたる旅の空かな

かくて夜も明けければ泣々宿をぞ出でける。亭の女房立ち出でて、「いかなる人にてましませば、打解けて御息みも無き心苦気なる御有様こそ怪しけれ。妾は、もとは鎌倉の者にて侍りしが、曽我太郎祐信には継子にて侍りし京の小次郎と申せし人の婦妻にて侍りしが、その夫に後れて後、悲の余りにその骨を以つて善光寺へ参りつつ曼陀羅堂に収めて下向し侍りし程に、此の家主の男に留められて何と無く過ぎ行く」と語りければ、虎はこのよしを聞き「思はずよ、いかなる不思議にてかかる宿にも留り合ひつるらむ」と思ひければ、虎も流るる涙を押へて、「これもその弟に、曽我十郎祐成と申せし人の婦妻に大磯の虎と申すはみづからがこと」とて泣きければ、亭の女房もともに袖を捶りつつ、「さては今一染の馴しき御事かな」とて、声を調へて焦れけり。「しばらくこれに御逗留有りて御身をも息ませ給へ」と留めければ、十日ばかりはこの宿に留りけり(72)。

と、記されている。曽我兄弟敵討により討死した、曽我十郎裕成の愛妾であった大磯の遊女虎が、一周忌の法要の後、遺骨を善光寺へ納めた帰路の途中の宿に、祐成の同腹の兄である京の小次郎を亡き夫とした女房が偶然にも善光寺に納骨後、同宿していたことで、互いの悲哀を感じたという件である。また、『吾妻鏡』建久四年（一一九三）六月十八日条によれば、虎は箱根山別当の行實坊において三七二十一日間の仏事を済ませた後、信濃善光寺へ赴いたとある。虎十九歳のことであったという(73)。

このように、善光寺には、女人が亡き人の菩提を弔うため、さらには、納骨の習慣が当然の如く行われていたことが知られるのである。

第二節　近世〔江戸〕

江戸時代に入ると、ますます女人の善光寺参詣は盛んになってくる。というのも、「善光寺参り」といえば、関所を通りやすかったからである。

次に紹介する「往来一札」という往来手形は、江戸時代、庶民が旅行する際の旅行許可券と身分証明書とを兼ねたものであり、檀那寺・町役人が発行し、関所など所々で提示するものであるのだが、珍しいのは女人二人の手形というところであろう。次に掲げる天保九年（一八四〇）四月の例を一部引いておく。

往来一札之事

尾州知多郡中嶋村

甚兵衛母　いと

同人妹　とし

右の者心願御座候て今般信州善光寺如来ぇため拝礼罷出て候若何国にても相果候て其所の御作法ニ御執置可被下候尤宗旨は浄土真宗ゟ怪敷宗門之者にては無御座候且亦及暮泊所等難渋の節は御執扱可被下候ため其往来一札□如件（添

付資料1参照）

これには善光寺へ参拝するに際し、見知らぬ土地で命が果てた後の沙汰を委ねており、さらには、女人であることで止宿するにも困難があるのだろうが、宗門や身元を明らかにする必要があったことが伺える。いずれにせよ、女人の善光寺参りにはそれ相応の心構えを持って旅路におもむいたことが分かる資料である。[74]

第三節　近代〔明治〕

近代に至り、女人の善光寺参りへの目的は、亡き人の菩提を弔うことや納骨以外にも様々なものが見えてくるようになる。

第三章第一節にて取り上げた御籠もりであるが、『善光寺繁盛記』初編「通夜《ツヤ》」の項では、弔いではない願意を述べている女人を書き留めている。その女人は仏の前で、姑に憎まれ睨まれ叱られ、使役させられたが、甲斐なく虐められたことを、地獄のようで耐えがたかったとし、願わくは煩悩の苦しみから解放され、歓ぶ気持ちも無くして余生を静かに過ごしたいと願っているのである。

次に、信州善光寺に奉納された女人に関する大絵馬を二例示す。[75]

■子授け御礼の事

我母セ以《い》事平生《へいぜい》子な奇《き》を憂ひ善光寺如来越《を》信し去《さる》蔓延元年庚申三月参詣致し度家を立出行々信州四部村尓《に》宿し候夜如来影向《ようごう》まし〳〵小児を授ると思へハ夢覺介《け》る故不思議ニ存次能《の》日参詣致し御堂内ニ捨子ニ而《て》も有やと尋候へ共別事も無之其儘歸宅い多《た》し候處同年十二月出生し候壮健尓《に》て猶孫も壱人出来候全く如来及御奇徳と難有存御禮ニ参詣致度歳々思ひ續《つづけ》居候内昨廿三年十二月身《み》ま可里《かり》ぬ依而《て》其志越《を》つき今度参詣致し繪馬をさゝけ子なき方々ニ佛能《の》利益を知らしむる登《と》云事（添付資料2-ア・2-イ参照）

■亡妻の共に参詣を果せし事

ひぜんのくに長さきより善光寺へまいる道中にて女房死す。夫吉蔵二才になる子をふところにいれて善光寺へいそぎけるに、たんばじまより女房のすがたうすうす見へけり。両人ふしぎにおもひける所に、山門の内にて女房すがたをあらはし、夫より子をうけとり、如来前へさんけいし、ふしおがみ、下向のせつ夫へ子をわたしそのままきへうせけり。ふしぎにもありがたく、現当二世のためにとてゑまを納申候。（添付資料3-ア・3-イ参照）

右、二点の大絵馬を見てみると、何れも善光寺如来に対しての女人に因む御礼絵馬であるが、前者の絵馬は、子授けといった現世での利益に対して女人からの報恩が述べられ、後者の絵馬には、原文にあるように、現当二世（現在と未来）のための願掛けの要素を含む御礼絵馬と受け取れる。これら善光寺へ奉納された大絵馬の中には、女人救済や現当二世を願う現世利益の絵馬が見られるようになる。そこで、『信州善光寺御堂額之写』(76)という小冊子には、冒頭次のようにある。

仰《そもそも》　信州善光寺御本尊ハ忝《かたじけなく》も三国でんらいの尊ぞうにて満《ま》し〳〵介《け》る耳《に》よりく尔《に》〳〵うら〳〵ゟ老若男女あゆミを者《は》こひさん介《け》以《い》することミ那《な》人ゝ《ひとびと》の志《し》るところなり御利やく日ゞ《ひび》尔《に》阿《あ》ら多《た》可《か》にして信心ふ可《か》くきせいをうけ奉る人ゞ《ひとびと》もうもくハ目を飛《ひ》らきおしハものをいひいざりハこしを多《た》ち或ハもうじゃ如来前尔《に》す可《が》多を阿《あ》らハしく王《わ》んぎせしこともすく那《な》可《か》ら須《ず》御《み》ゐ以御介《いおけ》ちミやく等尔《に》て水尔《に》志《し》つミ《み》しもの死可《が》以《い》あ可《が》りまたハもうじゃ御ゐい御介《け》ちミやくをい多ゝ《ただ》きし事など其御利生《そのごりしょう》越《を》蒙《こうむり》しあらましを絵馬尔《に》あら者《は》して如来前へ奉納須《す》ることかずお本《ほ》し可ゝ《かか》るふしぎの事をまの阿多《あた》り見聞せざる人ゝ《ひとびと》につ多《た》へ天《て》現当二世の佛恩をしらしめんとて飛《ひ》なが多《た》にうつさしむるのみ

この中で、『もうもくハ目を飛《ひ》らきおしハものをいひいざりハこしを多《た》ち』など、善光寺如来による現世利益に与った人々からの奉納絵馬が多くあったとしている。山ノ井大治氏は「信州善光寺にみられる絵馬信仰」(77)の中で右の文献を取り上げ、大絵馬さらに小絵馬までを検証されているのだが、特に注目されるのは、明治以降大絵馬の奉納の習俗が断絶した頃、昭和三十年代に善光寺側から「牛に引かれて善光寺まいり」の図柄と文字とを描写した祈願目的の小絵馬が出されたことである。

第四節　女人の願と善光寺

平安時代、貴族社会に尊ばれた仏教がまもなく末法の時代に入り、保元・平治の乱、源平による幾多の戦が世を駆け抜け、疫病に苦しみ、時代は武家の支配する鎌倉へと移るが、その世に生きていた人々は、無常観の中で日々の生活を送っていたのであった。

特に、女人は五障三従と認識されており、罪業の深さを責めた女人もいたことだろう。しかし、鎌倉時代に入り新仏教を立ち上げんとする僧侶達によって、今まで信仰の対象外であった罪深い女人の往生が積極的に説かれることとなる。

ここまで、女人たちの信仰を眺めてきたが、はたして女人たちの切なる願いは女人往生ばかりであったろうか。世の無常を観じて出家し、一遍など高僧に救いを求めた女人もいるが、これまで見てきた女人たちは、決して自分の往生ばかり願ったのではなかった。戦で命を落とした夫・兄弟・子供達の供養・菩提を弔うために善光寺へ参詣した女人。自分の娘の菩提を弔うため、善光寺に納骨した両親。自分の連れ合いを亡くし、その供養に善光寺を訪れた妻達…。ここで取り上げた女人たちは、愛する亡者に対しての往生を願って善光寺へ参詣したのであった。ちなみに赤木志津子氏『日本史小百科2　女性』(近藤出版社、昭五二・一一)「武家の世の女性」には、「夫から譲り受けた所領を妻や妾は離婚されても自分に罪科がない限り持っていられた。夫婦に子がなくて寡婦（後家）になった時、その寡婦が養子をとることができ、養子は当然母の所領を受け継ぐこともできた。……しかし寡婦がかねて譲られた所領を、夫の死後も持っていられたのは、夫の後世を弔うためで、女の再婚は不貞とされたのである。」と、述べられている。

鎌倉時代には、このような背景が世の風潮であったにしろ、それを叶えることが出来た場所は、極楽往生結縁の善光寺だったのである。女人往生はそこに当然の如く含まれていたから、唯一無二の寺院として多くの参詣者が訪れた。人々は、すさんだ現世から極楽往生という来世への希望を見出した。それを実現し得たのは善光寺であり、女人の願と一致している、と考える。

おわりに

古体を示す和讃[78]であるといわれる「善光寺和讃」の一節に次のような文言がある。

一度参詣する時は、十悪五逆の罪人も、三従五障の女人をも、長く悪趣の苦を抜きて。

何時の時代からか日本の仏教では女人は業障の身であるとされた。インドで成立した仏典の中で最も新しいとされる『法華経』の龍女でさえ、「男子転生女人成仏」として表現されており、女人が成仏するためには瞬間的に男に転生せねばならないと規定されている[79]。

国民的信仰寺院、超宗派寺院と認識された善光寺は、その根本真理である男女の別なく決定往生（極楽）が可能であると説き、脈々とその信仰を伝えていった。その過程で、より一層宗派にとらわれず、ことさら業障の身であるとされた女人救済を早くから謳い、信仰の中に包括しつつ信仰の幅を広げていったと考えられる。どれだけの女人たちが、善光寺如来に帰依し救われたであろうことは、多くの文字資料に遺されている。その女人の信仰を手中に収めてきた先導者は、縁起を自由自在に操り、教化宣揚できる立場にあった善光寺聖あるいは縁起僧や絵解き僧と呼ばれた唱導勧進者であった。そのような布教基盤があり、かつ、信仰の大波となったのは、いつの時代も制約を受ける女人たちであった。善光寺という唱導の組織体は、女人たちの心を受容し、極楽往生から現世利益まで信仰の変容を行ってきたからこそ、稀にみる信仰形態を作り上げたのではなかろうかと考える。

《註》

（1）坂井衡平『善光寺史・上』（東京美術、昭四四・五）第一章「善光寺の特色」参照。

（2）吉原浩人氏は「『善光寺如来絵伝』覚え書—絵相並びに絵解き研究の課題—」（『伝承文学研究』第二九号、昭五八・八）で、「善光寺は、いにしえより民衆によって支えられてきた超宗派的性格をもつ寺院」であると述べられている。

（3） 善光寺史研究の指針として、坂井衡平氏『善光寺史　上・下』が挙げられる。善光寺の研究は、同書を参考とした上で書かれた論文が多く、本稿で参考文献に挙げた大方のものにも、坂井衡平氏のこの書が取り上げられている。かくいう本稿もまた同書を大いに踏襲した部分が多い。坂井衡平氏については、金井清光氏が、『善光寺史・下』後記と、「時衆研究」第二一号（昭四一・一二）に「坂井衡平氏『善光寺史』について」を発表されており、その中で坂井氏の経歴から研究に対する業績と評価、そして、右の書物が善光寺研究において欠かせない文献であることを述べられている。
　また、善光寺縁起の研究史については、後掲参考文献他、特に参考文献⑨、序言・「三『善光寺縁起』研究史概観」を参照した。

（4） 善光寺縁起における仏教伝来については、縁起類や西方外史『善光寺本尊考』（参考文献④所収）に取り上げられた文献類、参考文献②上　第一章・第三節「仏教伝来の諸説」を参考にした。ただし仏教伝来については五三八年説もある。中村元他編『岩波仏教辞典』（岩波書店）第二版「日本仏教」項参照。

（5） 『日本古典文学大系』六八『日本書紀』下（岩波書店、昭五四・九）

（6） 杜多卍空『善光寺如来繪詞傳』巻三に記載あり。
　天文元年（一五三二）成立『塵添壒嚢鈔』（『仏教全書』所収）巻一七「三如来ノ事」に、「三如来トハ何〇（ママ）善光寺ノ阿弥陀。嵯峨ノ釈迦。因幡堂ノ薬師也。」と記されている。

（7） 参考文献②上　第一節「縁起の種類において」の中で、約八十種におよぶ善光寺の縁起類を本縁起・副縁起・雑抄文学の三項に分類され、時代別にも分けている。

（8） 岩下貞融『芋井三宝記』上乃巻「本師如来生身如来の事」（参考文献④所収）他、縁起類に記載あり。
　『新訂増補国史大系』第二一巻上「水鏡　大鏡」（吉川弘文館、平一一・一〇）

（9） 例えば、杜多卍空『善光寺如来繪詞傳』巻二、縁起の始まりに、「そも〳〵信濃国善光寺の本尊一光三尊佛そのむかし天竺に出現まし〳〵しことのおこりはかたじけなくも大聖釈迦牟尼如来これを経中にときたまへりその御経を請観世音菩薩消伏毒害陀羅尼呪経とまうしたてまつる　東晋天竺居士竺難提釋《やくす》…震旦にては天台大師この経の疏を著したまひ…」の如く引用がされている。
　『大正新脩大蔵経』第二〇巻「密教部三」No.一〇四三、国訳一切経印度撰述部「密教部五」

（10） 『仏教全書』第九五巻「目録部一」八五七

（11） 景山春樹『比叡山寺　その構成と諸問題』（同朋舎）所収。
　渋谷慈鎧編『校訂増補天台座主記』巻六、天明元年（尊真座主記）（第一書房、平一一・一二）

（12） 中村元他編『岩波仏教辞典』第二版「阿娑縛抄」項参照。

（13） 『仏教全書』第五八巻「図像部八」四三二『阿娑縛抄』聖観音

（14） 黒板勝美・国史大系編集会『国史大系』第一二巻『扶桑略記』第三　欽明天皇一三年条（吉川弘文館、昭四〇・一二）

(15)『仏教全書』第五三巻「図像部三」四三二『覚禅鈔』「阿弥陀法下」（覚禅鈔研究会『勧修寺善本影印集成1　覚禅鈔一』親王院堯榮文庫）
(16) 続真言宗全書刊行会校訂『真言宗全書』第三六『鵝珠鈔』巻下二（続真言宗全書刊行会）
(17)『大正新脩大蔵経』第九巻『阿娑縛抄』巻第二〇〇「諸寺略記上」
『仏教全書』第六〇巻「図像部一〇」四三二『阿娑縛抄』「諸寺略記上」
(18) 正宗敦夫『伊呂波字類抄』風間書房
(19) 塙保己一編『続類従』補遺二『看聞御記』下（続群書類従完成会、昭五・一〇）
『実隆公記』巻八（続群書類従完成会、昭和六・八）
倉田邦雄・倉田治夫『善光寺縁起集成別巻』「善光寺縁起絵巻」鎌倉・英勝寺蔵せんくはうしゐんき（龍鳳書房、平一五・五）
(20) 善光寺の完本縁起については、吉原浩人氏が参考文献⑯で論及されている。
(21) 参考文献⑨
(22) 吉原浩人「総説　善光寺如来絵伝」（千葉乗隆他『真宗重宝聚英』第三巻「阿弥陀仏絵像・木像　善光寺如来絵伝」（同朋舎メディアプラン、平一九・四）
(23) 吉原浩人「総説『善光寺縁起』と『善光寺如来絵伝』」（特別展ものがたり善光寺如来絵伝　安城市歴史博物館、平一四・十）
(24) 七世紀前半の女帝。のち重祚して斉明天皇。奈良県明日香村の牽牛子塚古墳が陵墓として有力視されている。

(25) 参考文献⑨、解題・五　現行真名本善光寺縁起の成立「2高野山不動院蔵『三尊阿弥陀如来縁起』の存在」に詳しくあり、また、その記事が引かれている。
(26) 小林一郎「明治以後の絵入り善光寺如来略縁起」（『長野』第一二二号、昭六〇・七）
(27) 吉原浩人「刷物の『善光寺如来絵伝』七種―紹介と翻刻―」（『絵解き研究』第七号、平元・六）
(28)「全国善光寺めぐり　あみだ池和光寺」（全国善光寺会）
(29) 林雅彦「善光寺信仰と教化―開帳・絵解き・『略縁起』、そして阿弥陀池」（『日本における民衆と宗教』雄山閣出版、平六・六）
(30) 大日本古記録『後二條師通記』下（岩波書店、昭三三・六）第二刷では、「喜光寺」とあるが、誤りであると思われる。
(31) 現存する絵巻形式の「善光寺縁起」は、註(19)の鎌倉・英勝寺蔵『せんくはうしゐんき』巻子装全五巻のみである。
(32)『大乗院寺社雑事記』第一一巻「尋尊大僧正記百六十八」（三教書院、昭一一・二）
(33) 参考文献⑧より、約六〇点の『善光寺如来絵伝』が確認されている。
(34) 絵解き研究会第百回例会（平一五・一一、於明治大学駿河台校舎）吉原浩人氏講演「『善光寺如来絵伝』への新視点―霊鷲山の図像など―」において善光寺如来の絵伝を異本ごとに概要と系譜にまとめ発表された。
(35) 註(27)参照。
(36)『新訂増補国史大系』第一二巻「扶桑略記・帝王編年記」（吉

川弘文館、昭七・五）
(37) 参考文献②上
『尾張名所図会』後編五
(38) 参考文献②上
『尾張の遺跡と遺物』中巻「甚目寺縁起」（愛知県郷土資料刊行会、昭五七・二）
(39) 「全国善光寺めぐり　性海寺」（全国善光寺会）
(40) 参考文献②・⑥・『全国善光寺めぐり　善光寺』（全国善光寺会）
林雅彦・徳田和夫編『絵解き台本集』（三弥井書店、昭五八・一二）
林雅彦「霊牛・牛王麿（牛王丸）の物語―函館善光寺・祖父江善光寺をめぐって―」絵解き研究会例会発表（平一五・一二）
徳田和夫「〈牛に引かれて善光寺参り〉譚の軌跡」（『絵解き研究』第六号、昭六三・六）
(41) 「新日本古典文学大系」四〇『宝物集・閑居友・比良山古人霊託』（岩波書店、平五・一一）
(42) この件は、第二種七巻本系の吉川本では落丁の部分であり、脚注より、定本の親本（身延山久遠寺蔵本）によって補入されているのだが、小泉弘氏「古鈔本系『寶物集』の成立期」（『日本文学研究大成　中世説話Ⅰ』国書刊行会、平四・四）を参考にして確証を得たため、取り上げた。
(43) 弥富破摩雄他校訂『中島広足全集』第一篇（大岡山書店、昭八・四）所収。
(44) 柴桂子『近世の女旅日記事典』（東京堂出版、平一七・九）
駒敏郎他『史料京都見聞記』第二巻・紀行Ⅱ（法藏館、平三・一一）
(45) 伊藤妙臨『都の日記』（慶応義塾メディアセンター）
林雅彦氏の『日本の絵解き』に、「「絵解き」とは、寺社に伝わる物語性・説話性豊かな、しかも信仰に与った絵画―説話画―の絵相（内容や思想）を当意即妙に解説・説明する行為を「絵解き」という（場合によっては、「絵語り」といってもよかろう）。時に解説・説明する人物自身を「絵解き」と称することもある。いうなれば、説教・唱導を目的とする、説話画を用いての文芸ないしは芸能だと定義付けることも出来るものである。…時間・場所・機会・視聴者の構成に加えて、演者の力量等々に応じて、絵相や台本には見られない解説・説明が加えられるのも、絵解きの特徴だといってよかろう。私が絵解きを一回性の文芸・芸能だと規程する所以でもある。」と定義されている。

『民俗小事典　神事と芸能』「絵解」項参照（吉川弘文館、平二二・一〇）。
(46) 小林計一郎「近世善光寺の出開帳」（『日本歴史』日本歴史学会編、昭五四・三）
(47) （大本願教化部、昭五一・三）
(48) 『信濃史料叢書』中（歴史図書社、昭四四・一〇）
(49) 『絵解き研究』第一号（昭五八・四）
『絵解きと縁起のフォークロア』（森話社、平二一・一〇）所収。
(50) 中御門右大臣藤原宗忠の日記。堀河天皇～崇徳天皇（一〇八七～一一三八）院政期の日記。
川俣馨一編『史料大成』「中右記四」（内外書籍、昭九・十）

小林計一郎『善光寺史研究』史料編2・年表

(51) 川俣馨一編『史料大成』「長秋記一」(内外書籍、昭九・十)

(52) 吉原浩人「善光寺如来と聖徳太子の消息往返をめぐって」(『佛教文化研究』)

法隆寺昭和資財帳編集委員会『法隆寺の至宝』第十四巻―昭和資財帳―(小学館、平一〇・三)

その他、第一章・第二節で挙げた「続類従本」や「仏教全書本」の『善光寺縁起』ならびに『善光寺縁起集註』などにも、「聖徳太子御書並如来御返報(翰)之事」として、所収されている。

(53) 山田昭全他編校・無住著『雑談集』(三弥井書店、平一一・三)

三木紀人他訳『大乗仏典』〈中国・日本編〉第二五巻 無住・虎関(中央公論社、平元・一二)

金井清光氏『善光寺とその語り物』には、『雑談集』巻三「愚老述懐」を引かれ、参詣したい寺院とされているが、前掲諸本より、既に参詣した寺院とした。

(54) 参考文献④所収。

(55) 『仏教全書』第八五巻「寺誌部三」七六五『四天王寺金堂本尊再興勧進帳』七六六『天王寺再興勧進帳』より永正九年・天正一一年再興事業時には勧進職が存在していたことが確認出来、また、元文二年に記された、七六八『四天王寺名跡集』の宝殿には「外陣ノ東ノ方ニ。善光寺如来影向ノ間ト號クル所アリ。」、西門には聖徳太子と善光寺との御書往返の記事があることからも、善光寺との密接な関係が成立していたことが分かる。

(56) 『とはずがたり』五巻。中院大納言源雅忠の女(女房名は、後深草院二条)。徳治元年(一三〇六)四十九歳頃の執筆か。二条が文永八年(一二七一)元旦からの日記。

『新編日本古典文学全集』四七「建礼門院右京大夫集・とはずがたり」(小学館、平一一・一二)

『新日本古典文学大系』五〇「とはずがたり・たまきはる」(岩波書店、平六・三)

(57) ここに登場する中将は、清盛の五男。従三位左近衛中将。治承四年(一一八〇)五月源頼政を宇治に破り、十二月東大寺・興福寺を攻めてこれを焼いた。一谷の戦に敗れ、須磨の浦で捕えられて鎌倉に送られたが、奈良僧徒の要求で奈良に送られ、木津川の辺で斬殺された。

『平家物語』承久(一二一九～一二二二)～仁治(一二四〇～一二四三)の間に原本成立と考えられている。異本多数あり。

『新日本古典文学大系』四五『平家物語』下(岩波書店、平五・一〇)

(58) 塙保己一編『続類従』第二一輯下「合戦部」「大塔物語」(続群書類従完成会、大一四・三)

信濃史料編纂会編集・発行『信濃史料叢書』第五「大塔物語」(大三・一一)

(59) 『続々群書類従』第一五「歌文部」「岩清水物語」(図書刊行会、明四〇・七)

(60) (吉川弘文館、平九・四)

(61) 前田淑『近世女人の旅日記集』(葦書房、平一三・一二)所収。

(62) 『新日本古典文学大系』四〇「宝物集・閑居友・比良山古人霊託」(岩波書店、平五・一一)。出典未詳。

(63) 萩原龍夫『巫女と仏教史』(吉川弘文館、昭五八・六)

林雅彦『「生と死」の東西文化史』（方丈堂出版、平二〇・三）
『民俗小事典　神事と芸能』「熊野比丘尼」項（吉川弘文館、平二二・一〇）参照。

(64) 林雅彦『増補日本の絵解き』（三弥井書店、昭五九・六）

(65) 日吉津《ひえづ》『村誌』（鳥取県）下巻「歴史と行事を中心として」（昭六一・九）、ア・イ

(66) 『続類従・第二八輯上』「釈家部」巻第八一一「寺門高僧記」四（続群書類従完成会、昭五八・一〇）

(67) 前田淑『近世女人の旅日記集』（葦書房、平一三・一二）
『本道楽』（茂林脩竹山房、昭七・八～昭八・四）

(68) 『国文東方佛教叢書』「紀行部」（東方書院、大一四・六）

(69) 今関敏子著『信生法師集新訳』（風間書房、平一四・六）
『新編信濃史料叢書』第十巻・解題「信生法師集」（信濃史料刊行会、昭四九・一二）

(70) 『続類従・第二八輯上』「釈家部」九九、巻第八一四「善光寺縁起」（一九二頁）（続群書類従完成会、大一五・一〇）

(71) 参考文献②下　第一章「頼朝時代の善光寺」参照。

(72) 『曽我物語』鎌倉時代成立か。一二巻（真名本十巻）曽我兄弟の生い立ちから敵討に至る次第を叙したもの。
『鑑賞日本古典文学』第二一巻「太平記・曽我物語・義経記」（角川書店、昭五一・八）
『日本古典文学大系』八八「曽我物語」（岩波書店、昭四一・一）

(73) 『吾妻鏡』鎌倉後期成立。五十二巻。源頼政の挙兵 治承四年（一一八〇）～前将軍宗尊親王の帰京 文永三年（一二六六）までの史書。
黒板勝美他編『国史大系』「吾妻鏡」第二（吉川弘文館、昭五二・四）

(74) 伊藤昭正『古文書と絵図の語る村と人々』（知多市歴史民俗博物館、平一四・一）

(75) 伊藤延男他編『善光寺　心とかたち』（第一法規出版、平三・四）

(76) 岩下孝四郎著（静嘉堂、明一〇・一二）
西澤喜太郎編『信州善光寺御堂額之写幷ニ霊験記』（信州長野書林、明一五・四）

(77) 『大正大学研究紀要七七輯』（大正大学出版部編、平四・三）

(78) 参考文献②下

(79) 山崎慶輝『法華経概説』第三章「第一二節　提婆達多品」（永田文昌堂、昭六二・五）
坂本幸男他訳『法華経（中）』「妙法蓮華経提婆達多品第一二」（岩波書店、昭六一・一二）
参考文献①「往生」項・「女性」項・「女人成仏」項・「変成男子」項

《参考文献一覧》

①中村元他編『岩波仏教辞典第二版』（岩波書店、平一四・一〇）
②坂井衡平『善光寺史』上下（東京美術、昭四四・五）
③小林計一郎『善光寺史研究』（信濃毎日新聞社、平一二・五）
④信濃史料編纂会編『信濃史料叢書』中（歴史図書社、昭四四・一〇）

⑤長尾無墨編『善光寺繁盛記』初編・二編・三編（西澤喜太郎出版、明一一・一）
⑥林雅彦「善光寺信仰と教化―開帳・絵解き・『略縁起』、そして阿弥陀池」『日本における民衆と宗教』（雄山閣出版、平六・六）
⑦吉原浩人「『善光寺如来絵伝』覚え書―絵相並びに絵解き研究の課題―」（『伝承文学研究』第二九号、昭五八・八）
⑧吉原浩人「総説　善光寺如来絵伝」（千葉乗隆他『真宗重宝聚英』第三巻「阿弥陀仏絵像・木像　善光寺如来絵伝」）（同朋舎メディアプラン、平一九・四）
⑨倉田邦雄・倉田治夫『善光寺縁起集成Ⅰ』寛文八年版本（龍鳳書房、平一三・二）
⑩金井清光「善光寺聖とその語り物」（『時衆研究』第一九・二〇・二一号、昭四一年八・一〇・一二）
⑪伊藤延男他編『善光寺　心とかたち』（第一法規出版、平三・四）
⑫『絵解き研究』（絵解き研究会「第一・二・四・六・七・八・九号」）
⑬今泉淑夫編『日本仏教史辞典』（吉川弘文館、平一一・一一）
⑭望月信亨『望月佛教大辞典第一巻』『同　第二巻』（世界聖典刊行協会、昭三二・九・昭三三・一〇）
⑮総合佛教大辞典編集委員会編『総合佛教大辞典』（法藏館、昭六二・一二）
⑯吉原浩人「総説『善光寺縁起』と『善光寺如来絵伝』」（特別展ものがたり善光寺如来絵伝、安城市歴史博物館、平一四・十）
⑰杜多卍空『善光寺如来繪詞傳』（善光寺別当大勧進、昭四・九）

《添付資料一覧》

1　女人二人の善光寺参り、註(74)
2-ア　子授け御礼の事、参考文献⑪
2-イ　子授け御礼の事、参考文献⑪
3-ア　亡妻の共に参詣を果せし事、参考文献⑪
3-イ　亡妻の共に参詣を果せし事、参考文献⑪

（附）絵解きの軌跡 ―― 著者・林 麻子略歴

昭和四十七（一九七二）年　大阪生まれ。

平成　四（一九九二）年　善光寺東海別院副住職（当時）・林和伸と結婚。

平成　十五（二〇〇三）年　四月五日～五月三十一日　信州善光寺との四善光寺同時期・同時御開帳に合わせ、当山にて林雅彦教授御指導により復興した『善光寺如来絵詞伝』の絵解きを始める。

平成　十五（二〇〇三）年九月　第十四回愛銀教育文化財団助成を受ける。

平成　十五（二〇〇三）年十一月　明治大学リバティアカデミーにおいて、林雅彦教授講座の「善光寺信仰と『善光寺如来絵伝』」第十一講にて絵解き口演。同日、第百回絵解き研究会記念例会にて絵解き口演。

平成　十八（二〇〇六）年二月十八日　佛教大学四条センターにおいて、関山和夫佛教大学名誉教授講座の『仏教芸能の世界　庶民芸能と仏教』にて絵解き口演。

平成　十八（二〇〇六）年三月　「『日本の絵解き』サミット」（主催：明治大学リバティ・アカデミー・那智勝浦町観光魅力アップ推進委員会）において絵解き口演。

平成　十九（二〇〇七）年一月　長野郷土史研究会総会にて絵解き口演。

平成　十九（二〇〇七）年十月　長野県信州善光寺本堂再建三百年記念事業、善光寺サミット開催記念講演にて絵解き口演。

平成十九（二〇〇七）年十二月　愛知県名古屋芸能文化会主催、芸能文化講演会にて絵解き口演。

平成二十一（二〇〇九）年三月　愛知県安城市歴史博物館歴博講座にて絵解き口演。

平成二十二（二〇一〇）年八月　浄土宗長野教区教化団総会「教化の実践」にて絵解き口演。

平成二十五（二〇一三）年七月　愛知県一宮市博物館「阿弥陀信仰と木曽川流域」企画展示会にて絵解き口演。

平成二十六（二〇一四）年九月　第三回長野絵解きフェスティバルにて絵解き口演。

平成二十七（二〇一五）年四月～五月　東北大地震被災地慰問「絵解き行脚」、宮城・福島・岩手各県各地において絵解き口演。

平成二十七（二〇一五）年九月　富山県〔立山〕博物館にて、国際熊野学会創立十周年記念・合同例会にて絵解き口演。

その他、明治大学の学部間共通総合講座林雅彦教授担当「口承文芸」、同大学リバティアカデミー林雅彦教授講座「絵解きの世界―あの世とこの世をつなぐ庶民信仰」その八「寺社縁起」の絵解き（続々）などでも絵解き口演多数。（以上、抜粋）

絵解き口演する著者

Afterword

あとがき

当山には、春秋彼岸期間中、内々陣に掛ける軸がある。当山建立に際しまたはこれまでお寺のために尽力下さったお世話方の軸である。びっしりと法名や俗名が記してある。この多くのお世話方とのご縁を得るべく、開基住職は絵解きを用いてご浄財を集めたのである。たくさんの方々のお気持ちで建立された当山の重みを直に開基住職は背負ったのである。私は「絵解き」を担うことで、少なからずこの重みと向き合うことができた。

現代の当山にご尽力いただいた方には、林雅彦先生がおいでになる。先生とのご縁はやはり「絵解き」であった。途絶えていた「絵解き」の復興にあたり無償で台本の作成のみならず、「絵解き」のご指導から「絵解き」を講演する機会、その勉強する場を今日まで提供して下さっている。未だ先生に盆暮れの御挨拶以外お礼をしていない。私は「絵解き」を無我夢中で行うことで、先生に恩返しが出来るのではと考えていた。いや、間違いだ。この世にお金が必要でない人などいない。地獄の沙汰も金次第というではないか。先生は病気のデパートと言われるほど、御病気を抱え、その治療にもたくさんのお金が必要だろう。

ご浄財を上げることは喜捨であり、善行と同じで自分の功徳のためにする行いとはいえ、そのご浄財でお寺は護持される。

私は自分の血となり肉となった「絵解き」とともにお寺のために尽力を果たすしかない。林先生が自ら示して下さったやり方で…林先生があの世へ旅立ったなら私自身でお戒名をお世話方の軸に付け加えるだろう。それまでは、まだまだ先生のお世話になろうと思う。

本書の刊行にあたっては、方丈堂出版の光本稔社長、編集を担当いただいて上梓に至るまで督励下さった編集長の上別府茂氏に大変お世話になった。記して厚く御礼申し上げる。

祖父江善光寺蔵《そぶえぜんこうじぞう》
「善光寺《ぜんこうじ》如来《にょらい》御《ご》絵《え》伝《でん》」ご絵《え》解《と》き

令和六年五月二十三日　初版第一刷発行

監修　林　雅彦
著者　林　麻子
発行者　光本　稔
発行　株式会社方丈堂出版
〒六〇一—一四二二
京都市伏見区日野不動講町三八—二五
電話　〇七五—五七二—七五〇八
FAX　〇七五—五七一—四三七三
発売　株式会社オクターブ
〒六〇六—八一五六
京都市左京区一乗寺松原町三一—二
電話　〇七五—七〇八—七一六八
FAX　〇七五—五七一—四三七三

印刷・製本　立生株式会社

ISBN978-4-89231-234-2 C1015